한국어능력시험

TOPIK II 쓰기

다락원

한국어능력시험
TOPIK II 쓰기 합격특강

지은이 전나영, 손성희
펴낸이 정규도
펴낸곳 (주)다락원

초판 1쇄 발행 2024년 3월 20일
초판 2쇄 발행 2025년 1월 20일

기획 권혁주, 김태광
편집 이후춘, 김효은

디자인 정현석, 최예원, 김민정
영상기획 홍범석, 박현
영상촬영·편집 전광욱, 최지훈

다락원
경기도 파주시 문발로 211
내용문의: (02)736-2031 내선 291~296
구입문의: (02)736-2031 내선 250~252
Fax: (02)732-2037
출판등록 1977년 9월 16일 제406-2008-000007호

Copyright©2025, 전나영, 손성희

저자 및 출판사의 허락 없이 이 책의 일부 또는 전부를 무단 복제·전재·발췌할 수 없습니다. 구입 후 철회는 회사 내규에 부합하는 경우에 가능하므로 구입문의처에 문의하시기 바랍니다. 분실·파손 등에 따른 소비자 피해에 대해서는 공정거래위원회에서 고시한 소비자 분쟁 해결 기준에 따라 보상 가능합니다. 잘못된 책은 바꿔 드립니다.

http://www.darakwon.co.kr

다락원 홈페이지를 방문하시면 상세한 출판 정보와 함께 MP3 자료 등 다양한 어학 정보를 얻으실 수 있습니다.

한국어능력시험
TOPIK II
쓰기

머리말

전 세계적으로 K-컬처의 영향력이 커지면서 한국의 문화나 콘텐츠, 한국어에 대해 관심을 가지는 외국인이 지속적으로 증가하는 추세이다. 이에 따라 외국에서의 한국어 입지도 넓어져 외국 대학에서 한국어과를 개설하거나 한국어를 대입 시험과목으로 채택하는 국가가 많아지고 있다. 또한 한국 대학에서 공부하거나 한국 기업에 취업하고 싶어 하는 외국인의 수요도 늘어가고 있다.

한국어능력시험(TOPIK)은 한국어 사용 능력을 측정·평가할 수 있는 시험으로 한국에서 유학하거나 취업하고자 하는 외국인이라면 이 시험에 응시하여 각 요건을 충족시킬 수 있는 자격을 획득해야 한다. 한국어능력시험의 등급을 인정하는 기관이 많아지면서 응시자도 더욱 많아질 전망이다. 한국어능력시험의 응시자 수요가 많아짐에 따라 시험 시행 횟수가 늘어나고 있으며 시험을 실시하는 해외 지역도 확장되고 있다. 또한 인터넷 기반 시험(IBT)을 도입하여 더 많은 학습자가 시간과 장소의 제한 어려움 없이 응시할 수 있도록 편의를 제공하고 있다.

이에 따라 이 책은 한국어능력시험을 준비하는 학습자를 위해 기획되었다. 한국어능력시험을 준비하면서 가장 중요한 것은 시험 문제의 경향에 대한 파악과 다양한 문제 풀이를 통한 충분한 연습이다. 이 책에서는 학습자가 문제를 풀 때 어떤 점에 중점을 두고 문제를 이해해야 하는지 전략적으로 파악할 수 있도록 제시하였다. 또한 시험 경향에 맞춘 문제를 풀어봄으로써 문제 풀이 능력을 향상시킬 수 있도록 구성하였다. 혼자 학습하는 학습자를 위해 동영상 강의도 제공하여 시험 준비에 서툰 학습자들에게 도움을 주고자 하였다.

이 책으로 한국어능력시험을 준비하는 학습자들이 필요한 자격을 얻을 수 있기를 바라며 한국 생활이나 업무 수행에 필요한 언어 기능을 정확하고 유창하게 수행하여 정치, 경제, 사회, 문화 전반에 걸쳐 자유롭게 이해하고 사용할 수 있기를 기대한다.

이 책의 특징

이 책은 한국어능력시험(TOPIK)의 문제를 분석해서 토픽Ⅱ 쓰기 유형을 파악하고 출제 유형에 따른 문제를 제시하였다. 각 문항마다 2개의 문제를 제시하며 각 문제의 '답안 예시'를 참고하도록 했다. 또한 문제를 이해하고 해결하는 데 필요한 내용을 〈풀이〉에서 설명했다. 각 문제마다 추가적으로 〈유형 학습〉을 구성하여 각 문제를 해결하기 위해 필요한 내용을 학습하고 연습할 수 있도록 했다.

- 쓰기 문제 ❺❶은 다양한 목적의 실용문을 완성하는 유형의 문제이다. 51번 문제와 관련된 다양한 실용문을 제시하고 연습할 수 있도록 〈유형 학습〉을 구성했다. 초대하기, 문의하기, 감사하기, 변경하기, 제안하기, 공지하기, 물건 판매하기, 모집하기, 주의하기, 사과하기, 부탁하기, 거절하기 등의 다양한 실용문을 익힐 수 있다.
- 쓰기 문제 ❺❷는 다양한 내용의 설명문을 완성하는 유형의 문제이다. 52번 문제와 관련된 설명문을 구성할 때 사용되는 문법 내용을 〈유형 학습〉으로 구성해서 '자동사와 타동사, 간접화법, 부사어, 관형어, 접속어, 피동 표현, 사동 표현, 관용 표현, 격식체, 문형'을 익힐 수 있다.
- 쓰기 문제 ❺❸은 주어진 그래프와 정보를 보고 설명하는 글을 쓰는 유형의 문제이다. 53번 문제와 관련된 그래프를 설명하는 글을 쓸 때 필요한 문장 유형과 글을 작성하는 방법, 원고지 쓰는 방법을 연습할 수 있도록 〈유형 학습〉을 구성했다.
- 쓰기 문제 ❺❹는 주어진 주제에 맞게 자기 생각을 쓰는 유형의 문제이다. 54번 문제와 관련된 논리적인 글을 작성하는 방법과 자기 생각을 주장하는 글을 쓸 때 사용되는 문장 유형을 연습할 수 있도록 〈유형 학습〉을 구성했다.

문항의 내용은 실제 시험에서 자주 출제되는 주제를 위주로 구성했으며 각 〈유형 학습〉에서 다양한 표현과 예문을 제시하였다. 문법 표현에 대한 활용과, 사회·경제·문화 등 다양한 주제의 예문 문장을 꼼꼼히 학습하면 실제 시험에서 적절한 답안을 작성할 수 있을 것이다.

합격특강 한국어능력시험 TOPIK II 쓰기

[유형A]의 문제 풀이 강의를 무료강의로 제공한다.

답안을 작성하는 데 도움이 되는 방법을 [전략]으로 제시했다. [전략]을 참고하여 답안에 어떠한 내용을 담아야 하는지 파악해야 한다.

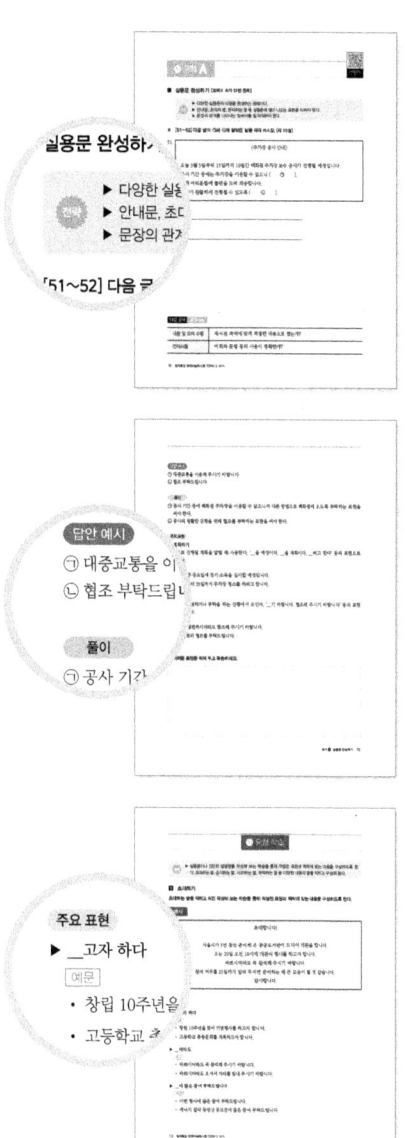

시험 채점 기준에 맞춘 답안을 [답안 예시]로 제시한다. [답안 예시]를 통해 평가 내용에 맞춰 답안을 작성하였는지 스스로 확인해 보아야 한다. [풀이]를 통해 문제를 이해하고 해결하는 데 필요한 내용을 확인할 수 있다.

각 유형의 지문에서 알아야 하는 표현을 [주요 표현]으로 정리하였다. 해당 내용에서 알아야 할 문법 표현과 실제 시험에서 활용할 수 있는 예문 문장을 충분히 제시하여 학습에 도움을 준다.

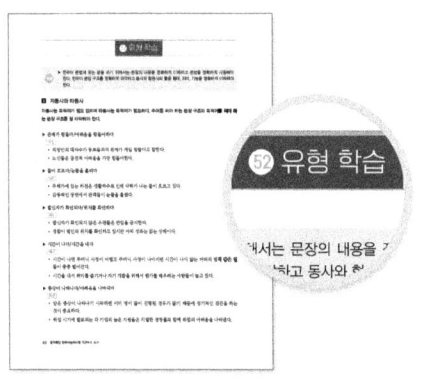

각 문항에서 답안을 작성하는 데 도움이 되는 내용을 [유형 학습]으로 구성하였다. 각 문항의 답안 작성에 필요한 문법 표현과 해당 문법 표현이 쓰인 예문도 함께 제시하여 실제 시험에서 정확한 표현으로 답안을 작성하도록 연습할 수 있다.

TOPIK II 시험 안내

01 시험 목적
- 한국어를 모국어로 하지 않는 재외동포·외국인의 한국어 학습 방향 제시 및 한국어 보급 확대
- 한국어 사용 능력을 측정·평가하여 그 결과를 국내 대학 유학 및 취업 등에 활용

02 응시 대상
응시 자격 제한이 없으나 재외동포 및 한국어를 모국어로 사용하지 않는 외국인 한국어 학습자 및 국내 대학 유학 희망자, 국내외 한국 기업체 및 공공기관 취업 희망자, 외국 학교에 재학 중이거나 졸업한 재외국민

03 시험의 주요 활용처
- 외국인 및 재외동포의 국내 대학(원) 입학 및 졸업
- 정부 초청 외국인 장학생 프로그램 진학 및 학사관리
- 국내외 기업체 및 공공기관 취업
- 국외 대학의 한국어 관련 학과 학점 및 졸업요건
- 영주권/취업 등 체류비자 취득

04 토픽 II PBT 시험 수준 및 평가 등급

영 역	시험시간	유 형	문항수	배 점	급수 구분 점수
듣 기	110분	선다형	50	100	[3급] 120~149
쓰 기		서답형	4	100	[4급] 150~189
					[5급] 190~229
읽 기	70분	선다형	50	100	[6급] 230~300

05 등급별 평가 기준

3급	• 일상생활을 영위하는 데 별 어려움을 느끼지 않으며 다양한 공공시설의 이용과 사회적 관계 유지에 필요한 기초적 언어 기능을 수행할 수 있다. • 친숙하고 구체적인 소재는 물론, 자신에게 친숙한 사회적 소재를 문단 단위로 표현하거나 이해할 수 있다. • 문어와 구어의 기본적인 특성을 구분해서 이해하고 사용할 수 있다.
4급	• 공공시설 이용과 사회적 관계 유지에 필요한 언어 기능을 수행할 수 있으며, 일반적인 업무 수행에 필요한 기능을 어느 정도 수행할 수 있다. 또한 뉴스, 신문 기사 중 비교적 평이한 내용을 이해할 수 있다. 일반적인 사회적·추상적 소재를 비교적 정확하고 유창하게 이해하고 사용할 수 있다. • 자주 사용되는 관용적 표현과 대표적인 한국 문화에 대한 이해를 바탕으로 사회·문화적인 내용을 이해하고 사용할 수 있다.
5급	• 전문 분야에서의 연구나 업무 수행에 필요한 언어 기능을 어느 정도 수행할 수 있으며 정치, 경제, 사회, 문화 전반에 걸쳐 친숙하지 않은 소재에 관해서도 이해하고 사용할 수 있다. • 공식적·비공식적 맥락과 구어적·문어적 맥락에 따라 언어를 적절히 구분해 사용할 수 있다.
6급	• 전문 분야에서의 연구나 업무 수행에 필요한 언어 기능을 비교적 정확하고 유창하게 수행할 수 있으며 정치, 경제, 사회, 문화 전반에 걸쳐 친숙하지 않은 주제에 관해서도 이해하고 사용할 수 있다. • 원어민 화자의 수준에는 이르지 못하나 기능 수행이나 의미 표현에는 어려움을 겪지 않는다.

목차

머리말 005
이 책의 특징 006
TOPIK II 시험 안내 008

쓰기 51 실용문 완성하기

51 유형 A 014
51 유형 B 016
유형 학습 018

1. 초대하기 018
2. 문의하기 020
3. 감사하기 022
4. 변경하기 024
5. 제안하기 026
6. 공지하기 028
7. 물건 판매하기 030
8. 모집하기 032
9. 주의하기 034
10. 사과하기 036
11. 부탁하기 038
12. 거절하기 040

쓰기 52 설명문 완성하기

52 유형 A 044
52 유형 B 046
유형 학습 048

1. 자동사와 타동사 048
2. 간접화법 050
3. 부사어 052
4. 관형어 055

5. 접속어	057
6. 피동 표현	060
7. 사동 표현	062
8. 관용 표현	064
9. 격식체	066
10. 문형	068

쓰기 53 그래프와 정보 설명하기

53 유형 A	072
53 유형 B	076
유형 학습 1	080
유형 학습 2	088
1. 주제문 작성하기	088
2. 개요 작성하기	090
3. 단락 쓰기	092

쓰기 54 논리적인 글쓰기

54 유형 A	110
54 유형 B	117
유형 학습 1	124
유형 학습 2	127
1. 제목 보고 주제 정하기	127
2. 주제 구체화하기	127
3. 내용 채우기	127
4. 논리적으로 전체 글 구성하기	128
5. 원고지 쓰기	130

쓰기 51

실용문 완성하기

- **1** 초대하기
- **2** 문의하기
- **3** 감사하기
- **4** 변경하기
- **5** 제안하기
- **6** 공지하기
- **7** 물건 판매하기
- **8** 모집하기
- **9** 주의하기
- **10** 사과하기
- **11** 부탁하기
- **12** 거절하기

[유형 A] 문제 풀이 무료 동영상 강의가 제공됩니다.
한 단계 더 높은 [유형 B] 문제 풀이 동영상 강의로 토픽 시험을 완벽하게 준비하세요.

51 유형 A

■ **실용문 완성하기** 【토픽 II 쓰기 51번 문제】

- ▶ 다양한 실용문의 내용을 완성하는 문제이다.
- ▶ 안내문, 초대의 글, 문의하는 글 등 실용문에 많이 나오는 표현을 익혀야 한다.
- ▶ 문장의 관계를 나타내는 접속어를 잘 파악해야 한다.

※ [51~52] 다음 글의 ㉠과 ㉡에 알맞은 말을 각각 쓰시오. (각 10점)

51.
> 〈주차장 공사 안내〉
>
> 오늘 3월 5일부터 15일까지 10일간 백화점 주차장 보수 공사가 진행될 예정입니다.
> 공사 기간 중에는 주차장을 이용할 수 없으니 (㉠).
> 고객 여러분들께 불편을 드려 죄송합니다.
> 공사가 원활하게 진행될 수 있도록 (㉡).

㉠ _____

㉡ _____

51번 문제 평가 내용

내용 및 과제 수행	제시된 과제에 맞게 적절한 내용으로 썼는가?
언어사용	어휘와 문법 등의 사용이 정확한가?

답안 예시
㉠ 대중교통을 이용해 주시기 바랍니다
㉡ 협조 부탁드립니다

풀이
㉠ 공사 기간 중에 백화점 주차장을 이용할 수 없으니까 다른 방법으로 백화점에 오도록 부탁하는 표현을 써야 한다.
㉡ 공사의 원활한 진행을 위해 협조를 부탁하는 표현을 써야 한다.

주요 표현

▶ **계획하기**

앞으로 진행될 계획을 알릴 때 사용한다. '__을 예정이다, __을 계획이다, __려고 한다' 등의 표현으로 쓰인다.

예문
- 다음 주 금요일에 정기 소독을 실시할 예정입니다.
- 22일부터 25일까지 주차장 청소를 하려고 합니다.

▶ **요청하기**

협조를 요청하거나 부탁을 하는 상황에서 쓰인다. '__기 바랍니다, __을 부탁드립니다' 등의 표현으로 쓰인다.

예문
- 다소 불편하시더라도 협조해 주시기 바랍니다.
- 여러분의 협조를 부탁드립니다.

※ 어려운 표현을 적어 두고 복습하세요.

51 유형 B

■ **실용문 완성하기** 【토픽 II 쓰기 51번 문제】

- ▶ 다양한 실용문의 내용을 완성하는 문제이다.
- ▶ 안내문, 초대의 글, 문의하는 글 등 실용문에 많이 나오는 표현을 익혀야 한다.
- ▶ 문장의 관계를 나타내는 접속어를 잘 파악해야 한다.

※ [51~52] 다음 글의 ㉠과 ㉡에 알맞은 말을 각각 쓰시오. (각 10점)

51.
〈비행기 탑승 시 유의 사항〉

비행기 탑승 시 유의 사항에 대한 안내입니다.
칼, 가위 등 흉기가 될 수 있는 물건은 기내 반입이 금지되어 있습니다.
신분증이 없으면 비행기를 탈 수 없으므로 반드시 (㉠   ).
위탁수화물은 1인당 2개, 20kg까지 무료로 이용 가능합니다.
무게가 초과되는 경우에는 (㉡   ). 1kg당 2만 원입니다.
특별 기내식을 원하는 경우 출발 24시간 전까지 예약을 하시기 바랍니다.

㉠ _____

㉡ _____

51번 문제 평가 내용

내용 및 과제 수행	제시된 과제에 맞게 적절한 내용으로 썼는가?
언어사용	어휘와 문법 등의 사용이 정확한가?

답안 예시
㉠ 신분증을 지참하여 주십시오
㉡ 추가 비용을 지불해야 합니다

풀이
㉠ 선행문이 신분증이 없으면 비행기를 탈 수 없다는 내용이므로 신분증을 꼭 가지고 와야 한다는 의미의 표현이 들어가야 한다.
㉡ 다음 문장에서 초과 무게에 따른 비용을 알려 주고 있으므로 추가 비용 지불에 대한 표현이 들어가야 한다.

주요 표현

▶ **지시하기**

반드시 해야 할 것을 지시할 때 쓰인다. '__어야 합니다, __어 주십시오, __십시오' 등의 표현으로 쓰인다.

[예문]
- 다른 승객에게 피해를 주는 행동은 자제해 주십시오.
- 수험생은 반드시 감독관의 안내에 따라 이동해야 합니다.

▶ **금지하기**

하면 안 되는 것을 알릴 때 사용한다. '__면 안 됩니다, __금지되어 있습니다, __지 마십시오, __수 없습니다' 등의 표현으로 쓰인다.

[예문]
- 승무원이 제공하는 주류 이외에는 기내에서 드실 수 없습니다.
- 박물관 내부에서는 사진 촬영이 금지되어 있습니다.

※ 어려운 표현을 적어 두고 복습하세요.

유형 학습

> **전략** ▶ 실용문이나 간단한 설명문을 작성해 보는 학습을 통해 적절한 표현과 맥락에 맞는 내용을 구성하도록 한다. 초대하는 글, 공지하는 글, 사과하는 글, 부탁하는 글 등 다양한 내용의 글을 익히고 구성해 본다.

1 초대하기

초대하는 글을 익히고 직접 작성해 보는 학습을 통해 적절한 표현과 맥락에 맞는 내용을 구성하도록 한다.

예시

> 초대합니다!
>
> 서울시가 3년 동안 준비해 온 공공도서관이 드디어 개관을 합니다.
> 오는 29일 오전 10시에 개관식 행사를 하고자 합니다.
> 바쁘시더라도 꼭 참석해 주시기 바랍니다.
> 참석 여부를 25일까지 알려 주시면 준비하는 데 큰 도움이 될 것 같습니다.
> 감사합니다.

주요 표현

▶ __고자 하다
  예문
  - 창립 10주년을 맞아 기념행사를 하고자 합니다.
  - 고등학교 총동문회를 개최하고자 합니다.

▶ __더라도
  예문
  - 바쁘시더라도 꼭 참석해 주시기 바랍니다.
  - 바쁘시더라도 오셔서 자리를 빛내 주시기 바랍니다.

▶ __에 많은 참여 부탁드립니다
  예문
  - 이번 행사에 많은 참여 부탁드립니다.
  - 에너지 절약 동영상 공모전에 많은 참여 부탁드립니다.

결혼식에 초대하는 글을 작성하시오.

답안 예시

각자 다른 길을 걸어온 우리 두 사람이 같은 길을 걸어가고자 합니다.
저희의 새로운 시작에 함께 해 주시면 큰 힘이 될 것 같습니다.
바쁘시더라도 꼭 참석하셔서 축복해 주십시오.
감사합니다.

2 문의하기

문의하는 글을 익히고 직접 작성해 보는 학습을 통해 적절한 표현과 맥락에 맞는 내용을 구성하도록 한다.

예시

환불에 대해 문의드립니다.
2주 전에 환불 요청을 했는데요.
일주일 후에 환불이 된다고 하던데 아직 환불이 되지 않아서 연락드립니다.
언제 환불이 완료되는지 궁금합니다.
환불 처리 과정을 알려 주시기 바랍니다.

주요 표현

▶ __는지

예문
- 환불이 가능한지 문의드립니다.
- 환불 규정이 어떻게 되는지 궁금해서 문의드립니다.

▶ __어도 됩니까?

예문
- 서류를 우편으로 보내도 됩니까?
- 본인이 가지 않고 대리인이 신청해도 됩니까?

▶ __에 대하여

예문
- 대출 연장 기간에 대하여 알고 싶은데요.
- 등록 신청 서류에 대해서 문의드립니다.

연습

대학교 사무실에 등록 절차를 문의하는 글을 작성하시오.

답안 예시

다음 학기 등록 절차에 대해 문의드립니다.
제가 지금 외국에 있는데 등록 서류를 이메일로 보내도 됩니까?
등록금 납부 기간도 언제까지인지 궁금합니다.
답변을 기다리겠습니다. 감사합니다.

3 감사하기

감사의 글을 익히고 직접 작성해 보는 학습을 통해 적절한 표현과 맥락에 맞는 내용을 구성하도록 한다.

예시

> 축하해 주셔서 감사합니다!
> 추운 날씨에도 불구하고 저희의 결혼식에 와 주셔서 진심으로 감사드립니다.
> 새롭게 시작하는 저희들에게 큰 힘이 되었습니다.
> 축복해 주신 따뜻한 마음 잊지 않고 잘 간직하겠습니다.
> 항상 건강하시고 행복하시기를 기원합니다.
> 다시 한번 감사의 말씀을 전합니다. 감사합니다.

주요 표현

▶ __겠다

예문
- 격려의 말씀 잊지 않고 잘 간직하겠습니다.
- 기대에 어긋나지 않도록 최선을 다하겠습니다.

▶ __어서 감사하다

예문
- 축하해 주셔서 감사합니다.
- 참석해 주셔서 다시 한번 감사드립니다.

▶ __에도 불구하고

예문
- 추운 날씨에도 불구하고 참석해 주셔서 감사합니다.
- 갑자기 부탁드렸음에도 불구하고 허락해 주셔서 감사합니다.

▶ __을 텐데

예문
- 바쁘실 텐데 신경 써 주셔서 감사합니다.
- 여러 가지로 힘드실 텐데 도와주셔서 감사합니다.

연습

추천서를 써 주신 교수님께 감사의 글을 작성하시오.

답안 예시

추천서를 써 주셔서 감사합니다.
제가 갑자기 부탁드렸음에도 불구하고 흔쾌히 들어주셔서 감사합니다.
교수님 덕분에 무난히 입사 지원서를 제출하였습니다.
교수님의 기대에 어긋나지 않도록 최선을 다하겠습니다.
감사합니다.

4 변경하기

변경하는 글을 익히고 직접 작성해 보는 학습을 통해 적절한 표현과 맥락에 맞는 내용을 구성하도록 한다.

예시

> 안녕하세요? 인사팀 김민주입니다.
> 다름이 아니라 이번 주 금요일 회의 시간을 변경했으면 합니다.
> 팀원들의 사내 교육이 늦어져서 3시 이후에나 회의가 가능할 것 같습니다.
> 금요일이 불가능하면 편하신 날짜와 시간을 알려 주십시오.
> 제가 최대한 맞추도록 하겠습니다.
> 불편을 끼쳐 드려 죄송합니다.

주요 표현

▶ **다름이 아니라**
   예문
   - 다름이 아니라 회의 시간이 변경되어서 알려 드리려고 연락드립니다.
   - 제가 메일을 드리는 것은 다름이 아니라 기숙사 방을 교체하고 싶어서입니다.

▶ **_든지**
   예문
   - 이번 주 목요일을 제외하고는 언제든지 괜찮습니다.
   - 약속 장소는 어디든지 상관없습니다.

▶ **_었으면 하다**
   예문
   - 죄송합니다만 약속 장소를 변경했으면 합니다.
   - 회사에 예기치 못한 문제가 발생해서 회의를 미루었으면 합니다.

▶ **혹시**
   예문
   - 혹시 기숙사 방을 바꿀 수 있을까요?
   - 혹시 약속 시간을 변경할 수 있을까요?

연습

친구에게 주말 모임 시간을 변경하는 글을 작성하시오.

답안 예시

수미야,
혹시 다음 주 토요일 약속 시간을 좀 미룰 수 있어?
내가 갑자기 급한 일이 생겨서 약속 시간을 미뤘으면 해.
오후 5시 이후에는 언제든지 괜찮아.
약속 시간을 변경해서 미안해.

5 제안하기

제안하는 글을 익히고 직접 작성해 보는 학습을 통해 적절한 표현과 맥락에 맞는 내용을 구성하도록 한다.

예시

불면증이 해소되지 않는다면 생활 습관을 바꿔 보는 것은 어떨까요?
혹시 잠들기 직전에 핸드폰을 들고 있지 않나요?
핸드폰의 불빛은 각성 효과가 있으므로 자기 전에는 사용하지 않는 것이 좋습니다.
커피나 초콜릿 등 카페인이 들어 있는 음식도 저녁에는 가급적 드시지 않는 것이 좋습니다. 야식은 위에 부담이 되는 음식 대신에 소화가 잘 되는 가벼운 음식을 드세요.

주요 표현

▶ __게/건 어떨까요?
  예문
  - 디자인을 바꿔 보는 게 어떨까요?
  - 설문조사를 한번 해 보는 건 어떨까요?

▶ __는 것이 좋다
  예문
  - 가급적 빨리 신청하시는 것이 좋습니다.
  - 사전에 담당 교수님과 상의하는 것이 좋습니다.

▶ __는 대신에
  예문
  - 날마다 외식하는 대신에 집에서 직접 해 먹는 건 어때요?
  - 방학 때 고향에 돌아가는 대신에 아르바이트를 해 보는 건 어떨까요?

▶ __어 보다
  예문
  - 관심이 있으면 지원해 보세요.
  - 사무실에 가서 등록 연장이 가능한지 문의해 보세요.

연습

사물함 설치를 제안하는 글을 작성하시오.

답안 예시

사물함 설치를 제안합니다.
날마다 사용하는 물건들을 보관할 사물함을 설치하는 건 어떨까요?
그럼 무거운 가방을 들고 오지 않아도 되어서 좋을 것 같습니다.
학과 사무실 앞 로비에 공간이 있으니까 그 공간을 이용하면 좋을 것 같습니다.
많은 학생들이 무거운 가방에서 벗어날 수 있도록 사물함이 있으면 좋겠습니다.

6 공지하기

공지하는 글을 익히고 직접 작성해 보는 학습을 통해 적절한 표현과 맥락에 맞는 내용을 구성하도록 한다.

예시

〈하계휴가 안내〉

병원 휴진 일정을 안내드립니다.
오는 8월 1일부터 8월 5일까지 하계휴가로 인해 휴진합니다.
휴가 기간을 확인하셔서 이용에 착오 없으시길 바랍니다.
8월 6일부터 정상 진료를 합니다.
하계휴가 기간에도 응급실은 정상 운영을 합니다.

주요 표현

▶ __로 인해

예문
- 주차장 공사로 인해 1월 15일부터 20일까지 주차장을 사용할 수 없습니다.
- 폭우로 인해 지하도 통행이 금지됩니다.

▶ __을 참고하시기 바랍니다

예문
- 변경된 일정을 참고하시기 바랍니다.
- 자세한 내용은 첨부한 파일을 참고하시기 바랍니다.

▶ __음을 알려 드립니다

예문
- 기숙사 신청이 마감되었음을 알려 드립니다.
- 다음 학기 등록 일정을 알려 드립니다.

▶ __지 않으면

예문
- 미리 신청하지 않으면 사용하실 수 없습니다.
- 다음 주 금요일까지 계약금을 납부하지 않으면 신청이 취소됩니다.

연습

경영학과 신입생 환영회 안내문을 작성하시오.

답안 예시

경영학과 신입생들의 입학을 축하하기 위해서 신입생 환영회를 개최합니다.
교수님과의 만남, 선배님들과의 대화 등 많은 프로그램이 준비되어 있습니다.
신입생들은 모두 참석하시기 바랍니다.
시간과 장소 등 자세한 내용은 게시판을 참고해 주십시오.

7 물건 판매하기

물건을 판매하는 글을 익히고 직접 작성해 보는 학습을 통해 적절한 표현과 맥락에 맞는 내용을 구성하도록 한다.

예시

저렴하게 판매합니다.

갑자기 귀국하게 되어서 사용하던 책상을 판매합니다.

구입한 지 1년이 되지 않아서 거의 새것이나 다름없습니다.

구매한 가격은 20만 원인데 10만 원에 판매합니다.

관심이 있는 분들은 연락을 주시기 바랍니다.

연락처 : 010-1234-5678

주요 표현

▶ __게 되어서

예문
- 갑자기 이사하게 되어서 소파를 판매하려고 합니다.
- 해외 지사로 나가게 되어서 물건을 판매하고자 합니다.

▶ __던

예문
- 한국을 떠나게 되어서 사용하던 물건을 정리해야 합니다.
- 어학당에서 한국어를 공부할 때 쓰던 교과서입니다.

▶ __은 지

예문
- 컴퓨터를 산 지 2개월밖에 되지 않았습니다.
- 구입한 지 한 달이 되지 않아서 아주 깨끗한 물건입니다.

연습

귀국하게 되어 냉장고를 판매하는 글을 작성하시오.

답안 예시

제가 귀국하게 되어서 사용하던 냉장고를 판매합니다.
구입한 지 1년이 되지 않아서 거의 새것이나 다름없습니다.
냉장고의 크기는 첨부한 사진을 확인하시면 됩니다.
관심이 있으신 분은 아래의 연락처로 연락 주십시오.

8 모집하기

모집하는 글을 익히고 직접 작성해 보는 학습을 통해 적절한 표현과 맥락에 맞는 내용을 구성하도록 한다.

예시

〈모집합니다〉

농구 동아리 회원을 모집합니다.
운동을 좋아하는 신입생이라면 누구든지 좋습니다.
운동을 못해도 괜찮습니다.
농구를 처음 하시는 분들도 걱정하지 마십시오.
선배들이 친절하게 가르쳐 드립니다.
농구에 관심이 있는 분들의 많은 참여 부탁드립니다.

주요 표현

▶ __다면

예문
- 18세 이상의 성인 남녀라면 누구나 신청이 가능합니다.
- 악기에 관심이 있다면 모두 괜찮습니다.

▶ __든지

예문
- 서울에 거주하고 있는 청년이라면 누구든지 이용 가능합니다.
- 한국 생활과 관련된 내용이라면 뭐든지 괜찮습니다.

▶ __어도

예문
- 경험이 없어도 지원이 가능합니다.
- 노래에 관심이 있다면 노래를 잘 못해도 괜찮습니다.

▶ __에 상관없이

예문
- 연령과 성별에 상관없이 지원이 가능합니다.
- 거주지에 상관없이 활동에 참여할 수 있으니 많은 신청 부탁드립니다.

연습

여행 동아리 회원을 모집하는 글을 작성하시오.

답안 예시

여행 동아리에서 신입 회원을 모집합니다.
여행을 좋아하는 신입생이라면 누구든지 환영합니다.
여행을 다닌 경험이 없어도 괜찮습니다.
함께 여행하면서 좋은 추억을 만들어 봅시다.

9 주의하기

주의하는 글을 익히고 직접 작성해 보는 학습을 통해 적절한 표현과 맥락에 맞는 내용을 구성하도록 한다.

예시

〈수험생 주의 사항〉

시험 당일 8시 30분까지 입실해야 합니다.
시험이 시작된 후에는 교실에 들어갈 수 없습니다.
수험표와 신분증을 반드시 준비해야 합니다.
답안지에는 검은색 컴퓨터용 사인펜만 사용할 수 있습니다.
모든 전자기기는 반입이 금지되어 있으니 교실에 가지고 들어오면 안 됩니다.
문제가 발생하지 않도록 주의 사항을 잘 지켜 주시기 바랍니다.

주요 표현

▶ __면 안 되다
  예문
  - 교실에서 음식을 드시면 안 됩니다.
  - 이곳은 주차금지 구역이므로 주차하시면 안 됩니다.

▶ __도록
  예문
  - 물건이 파손되지 않도록 잘 다루어 주십시오.
  - 바닥이 미끄러우니 넘어지지 않도록 조심하십시오.

▶ __어야 하다
  예문
  - 반드시 신분증을 지참해야 합니다.
  - 개강하기 전에 등록금을 납부해야 합니다.

▶ __으니
  예문
  - 추락의 위험이 있으니 주의해 주십시오.
  - 화상의 위험이 있으니 주의해 주시기 바랍니다.

연습

놀이기구 탑승 시 주의 사항의 글을 작성하시오.

답안 예시

이 놀이기구는 키가 130cm 이상이어야 탑승이 가능합니다.
다치지 않도록 반드시 안전벨트를 해 주십시오.
탑승 도중에 안전벨트를 절대 풀면 안 됩니다.
안경이나 소지품 등은 분실의 위험이 있으니 잘 보관하여 주십시오.

10 사과하기

사과하는 글을 익히고 직접 작성해 보는 학습을 통해 적절한 표현과 맥락에 맞는 내용을 구성하도록 한다.

예시

> 수미야,
> 어제 내가 심하게 말해서 미안해.
> 난 재미있게 농담을 한 건데 생각해 보니 내 말이 너무 지나쳤던 것 같아.
> 다음부터는 절대 그런 말을 하지 않을게.
> 진심으로 미안해.
> 힘들겠지만 나의 사과를 꼭 받아 주었으면 좋겠어.
> 정말 미안해.

주요 표현

▶ __어서 미안하다
  예문
  - 어제 약속을 지키지 못해서 정말 미안해.
  - 고객 여러분께 실망을 끼쳐 드려 죄송합니다.

▶ __었으면 좋겠다
  예문
  - 나의 진심이 아니니까 오해를 풀었으면 좋겠어.
  - 어쩔 수 없었던 나의 상황을 조금만 이해해 주었으면 좋겠어.

▶ __은 것 같다
  예문
  - 내가 너무 가볍게 행동한 것 같아. 미안해.
  - 제가 다른 사람들을 잘 배려하지 못한 것 같습니다. 죄송합니다.

▶ __을게
  예문
  - 다시는 이런 일이 없을 거야. 약속할게.
  - 앞으로는 같은 실수를 하지 않을게. 미안해.

연습

친구에게 사과하는 글을 작성하시오.

답안 예시

수미야,
어제 약속을 지키지 못해서 정말 미안해.
갑자기 회사에서 급한 일이 생겨서 연락도 못했어.
전화도 되지 않아서 많이 속상했을 거야.
사무실에서 이리저리 뛰어다니느라고 전화도 받지 못했어.
정말 미안해.

11 부탁하기

부탁하는 글을 익히고 직접 작성해 보는 학습을 통해 적절한 표현과 맥락에 맞는 내용을 구성하도록 한다.

예시

> 수미야,
> 혹시 괜찮으면 내 고양이를 하루만 맡아 줄 수 있어?
> 다음 주에 친구들과 여행을 가기로 했는데 고양이를 맡길 데가 없어.
> 힘들면 다른 친구에게 이야기해 볼게.
> 어려운 부탁을 해서 미안해.

주요 표현

▶ __부탁드립니다

예문
- 다음 주까지 답변을 부탁드립니다.
- 내용에 문제가 없는지 확인 부탁드립니다.

▶ __어 주시겠습니까?

예문
- 각각 포장해 주시겠습니까?
- 30분 후에 다시 전화해 주시겠습니까?

▶ __은데요

예문
- 부탁이 있는데요. 혹시 내일 시간이 있어요?
- 유학을 준비하고 있는데요.

▶ __을 수 있어?

예문
- 내가 내일 이사를 하는데 좀 도와줄 수 있어?
- 영수 씨에게 이 책 좀 전달해 줄 수 있어?

연습

친구에게 이사하는 것을 도와달라고 부탁하는 글을 작성하시오.

답안 예시

수미야,
내가 다음 주 금요일에 이사를 하는데 혹시 시간이 있어?
시간이 되면 그날 좀 도와줄 수 있어?
혼자 이사를 하려니까 좀 걱정도 되고 두렵기도 해.
무리한 부탁인 줄 아는데 네가 도와주면 좋겠어.
부탁해.

12 거절하기

거절하는 글을 익히고 직접 작성해 보는 학습을 통해 적절한 표현과 맥락에 맞는 내용을 구성하도록 한다.

예시

환불 요청 거절

저희 회사 제품을 이용해 주셔서 감사합니다.
고객께서는 6개월 전에 구입하신 컴퓨터 환불 요청을 하셨습니다.
담당 부서에서 검토한 결과 환불 요청을 받아들일 수 없다는 의견입니다.
제품의 하자가 아니라 부주의한 사용으로 인한 문제이므로 환불은 불가능합니다.
다른 문의 사항이나 의견이 있으면 연락 주시기 바랍니다.
감사합니다.

주요 표현

▶ __기가 어렵다
예문
- 이번 행사에는 참석하기가 어려울 것 같습니다.
- 본사의 입장에서는 반품 요청을 받아들이기가 어렵습니다.

▶ __으므로
예문
- 죄송하지만 수강 변경 기간이 지났으므로 수강 변경은 불가능합니다.
- 이미 개봉을 하신 상태이므로 교환이나 환불은 안 됩니다.

▶ __으나
예문
- 여러 차례 검토해 보았으나 시행하기가 어려울 것 같습니다.
- 오랜 시간 논의하였으나 결론을 내리지 못했습니다.

▶ 죄송하지만/아쉽지만
예문
- 죄송하지만 이 물건은 환불이 되지 않습니다.
- 아쉽지만 다른 일정으로 인해 이번 행사에는 함께 할 수 없습니다.

기숙사 방 변경 요청을 거절하는 글을 작성하시오.

답안 예시

기숙사 방을 변경하고 싶다는 메일을 잘 받았습니다.
죄송하지만 기숙사 방 배정이 모두 끝났으므로 방을 변경하기가 어렵습니다.
배정이 완료된 후에는 특별한 사유가 없는 한 변경할 수 없습니다.
학교의 규정이므로 이해해 주시기 바랍니다.

설명문 완성하기

1. 자동사와 타동사
2. 간접화법
3. 부사어
4. 관형어
5. 접속어
6. 피동 표현
7. 사동 표현
8. 관용 표현
9. 격식체
10. 문형

[유형 A] 문제 풀이 무료 동영상 강의가 제공됩니다.
한 단계 더 높은 [유형 B] 문제 풀이 동영상 강의로 토픽 시험을 완벽하게 준비하세요.

52 유형 A

■ 설명문 완성하기 【토픽 II 쓰기 52번 문제】

▶ 설명하는 형식의 글을 완성하는 문제이다.
▶ 주어, 목적어 등 문장 성분에 대해 알고 문장의 구조를 파악해야 한다.
▶ 관용 표현, 부사어와 호응하는 동사나 형용사 등을 익혀야 한다.
▶ 문장과 문장의 관계를 나타내는 접속어를 잘 파악해야 한다.

※ [51~52] 다음 글의 ㉠과 ㉡에 알맞은 말을 각각 쓰시오. (각 10점)

52.
> 건강을 지키기 위해서 운동을 해야 한다는 것을 모르는 사람은 아무도 없다. 하지만 이런저런 일로 바쁜 현대인에게 운동을 할 시간을 (㉠   ). 운동을 하고 싶지만 운동시설을 찾을 여유가 없는 사람들도 많다. 그래서 계단 오르기나 대중교통 이용하기 등 생활 속 운동이 주목을 받고 있다. 전문가들은 어떤 운동을 하든 (㉡   ).

㉠ _____

㉡ _____

52번 문제 | 평가 내용

내용 및 과제 수행	제시된 과제에 맞게 적절한 내용으로 썼는가?
언어사용	어휘와 문법 등의 사용이 정확한가?

답안 예시

㉠ 내는 것은 쉬운 일이 아니다
㉡ 일주일에 30분씩 3번 이상 운동을 해야 한다고 한다

풀이

㉠ 목적어 '시간을' 다음에는 타동사 '내다'를 써야 한다. 주어 '시간이'가 있으면 자동사 '나다'를 써야 한다.
㉡ '전문가들은'이 있으므로 전문가들의 이야기를 전달하는 형식인 간접화법을 써야 한다.

주요 표현

▶ **타동사**

타동사는 목적어 '-을/를'을 동반하고 자동사는 목적어가 필요 없다. '시간을'은 목적어이므로 뒤에 타동사가 쓰여야 한다.

예문
- 이번 주말에는 시간을 내서 부모님을 찾아뵐 생각이다.
- 연말에는 회사일도 집안일도 많아서 개인적인 시간을 내기가 어렵다.

▶ **간접화법**

간접화법은 다른 사람의 말을 전달할 때 사용한다. '전문가들은'이 있으므로 '-는다고 한다'와 같이 간접화법이 쓰여야 한다.

예문
- 남자는 여자보다 공간을 지각하는 능력이 좋다고 한다.
- 학자들은 음악이 사람이나 동물의 스트레스를 줄인다고 설명한다.

※ **어려운 표현을 적어 두고 복습하세요.**

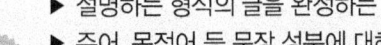

■ 설명문 완성하기 【토픽II 쓰기 52번 문제】

▶ 설명하는 형식의 글을 완성하는 문제이다.
▶ 주어, 목적어 등 문장 성분에 대해 알고 문장의 구조를 파악해야 한다.
▶ 관용 표현, 부사어와 호응하는 동사나 형용사 등을 익혀야 한다.
▶ 문장과 문장의 관계를 나타내는 접속어를 잘 파악해야 한다.

※ [51~52] 다음 글의 ㉠과 ㉡에 알맞은 말을 각각 쓰시오. (각 10점)

52.
> 수렵시대부터 인간의 곁에서 가축으로 키워진 개와 달리 고양이는 농경시대부터 인간과 함께 살았다. 이후에도 고양이는 오랜 기간 야생의 쥐를 잡아먹으며 지냈고 여전히 (㉠). 고양이가 주로 잡아먹는 새는 이른 아침에 활동을 하고 쥐는 저녁에 활동을 많이 한다. 따라서 고양이는 한밤중에 얕은 잠을 자다가 (㉡). 이러한 동물적인 습성은 고양이를 기르는 사람들을 상당히 피곤하게 한다.

㉠ _____

㉡ _____

52번 문제 평가 내용

내용 및 과제 수행	제시된 과제에 맞게 적절한 내용으로 썼는가?
언어사용	어휘와 문법 등의 사용이 정확한가?

> 답안 예시

㉠ 동물의 본능을 강하게 유지하고 있다
㉡ 새벽이나 저녁 무렵에 활동을 개시한다

> 풀이

㉠ '여전히'는 앞의 내용과 같은 내용이 이어질 때 사용하는 부사어이다. 앞에서 고양이가 인간과 함께 지낸 시간이 길지 않다는 내용을 설명했으므로 '여전히' 다음에는 '고양이가 동물의 본능을 유지하고 있다'는 내용이 이어져야 한다.

㉡ '따라서'는 앞의 내용이 이유가 되고 뒤의 내용이 결과일 때 사용하는 접속어이다. 앞에서 고양이가 새나 쥐는 잡아먹는데 새는 이른 아침에, 쥐는 저녁에 활동한다는 내용이 있으므로 '따라서' 다음에는 '새나 쥐를 잡을 수 있는 이른 아침이나 저녁에 활동을 시작한다'는 내용이 이어져야 한다.

> 주요 표현

▶ 부사어

부사어는 뒤에 오는 동사나 형용사의 의미를 더해 주는 문장 성분이다. '여전히'는 부사어로서 '이전과 같이'라는 의미로 시간이 지나도 달라지지 않은 상황을 설명할 때 쓰인다.

예문
- 학교를 졸업한 후에도 두 사람은 여전히 붙어 다닌다.
- 비가 그쳤지만 사람들은 여전히 우산을 쓰고 있다.

▶ 접속어

접속어는 문장과 문장을 연결하는 문장 성분이다. '따라서'는 접속어로서 앞에서 말한 것을 근거나 이유로 해서 뒤의 결과가 일어날 때 쓰인다.

예문
- 모든 물가가 올랐다. 따라서 서민들의 생활은 팍팍할 수밖에 없었다.
- 미세먼지가 '매우나쁨' 단계에 이르렀고 따라서 호흡기 환자가 급증했다.

※ 어려운 표현을 적어 두고 복습하세요.

유형 학습

▶ 한국어 문법에 맞는 글을 쓰기 위해서는 문장의 내용을 정확하게 이해하고 문법을 정확하게 사용해야 한다. 한국어 문장 구조를 정확하게 파악하고 동사와 형용사의 활용 형태, 의미, 기능을 정확하게 이해해야 한다.

1 자동사와 타동사

자동사는 목적어가 필요 없으며 타동사는 목적어가 필요하다. 주어를 써야 하는 문장 구조와 목적어를 써야 하는 문장 구조를 잘 파악해야 한다.

▶ 관계가 힘들다/어려움을 힘들어하다
  예문
  - 직장인의 대다수가 동료들과의 관계가 제일 힘들다고 말한다.
  - 노인들은 금전적 어려움을 가장 힘들어한다.

▶ 물이 흐르다/눈물을 흘리다
  예문
  - 주택가에 있는 하천은 생활하수로 인해 악취가 나는 물이 흐르고 있다.
  - 감동적인 장면에서 관객들이 눈물을 흘렸다.

▶ 발신자가 확인되다/위치를 확인하다
  예문
  - 발신자가 확인되지 않은 우편물은 반입을 금지한다.
  - 경찰이 범인의 위치를 확인하고 있지만 아직 성과는 없는 상태이다.

▶ 시간이 나다/시간을 내다
  예문
  - 시간이 나면 주머니 사정이 어렵고 주머니 사정이 나아지면 시간이 나지 않는 머피의 법칙 같은 일들이 종종 벌어진다.
  - 시간을 내서 취미를 즐기거나 자기 개발을 위해서 뭔가를 배우려는 사람들이 늘고 있다.

▶ 증상이 나타나다/어려움을 나타내다
  예문
  - 암은 증상이 나타나기 시작하면 이미 병이 많이 진행된 경우가 많기 때문에 정기적인 검진을 하는 것이 중요하다.
  - 취업 시기에 발표되는 각 기업의 높은 지원율은 치열한 경쟁률과 함께 취업의 어려움을 나타낸다.

▶ 직업이 여겨지다/정치를 여기다
  예문
  - 예전에는 연예인이라는 직업이 천한 일로 여겨진 적도 있다.
  - 정치를 자신과는 무관한 일로 여기는 사람들이 많아지고 있다.

▶ 진료가 끝나다/회의를 끝내다
  예문
  - 진료가 끝나면 처방전을 가지고 약국에 가서 약을 받으면 된다.
  - 회장은 회의를 끝내기 전에 회원들에게 질문이 있는지 물었다.

▶ 화가 나다/화를 내다
  예문
  - 언제 화가 나는지 알면 스스로 조절이 가능하다.
  - 쉽게 화를 내는 것은 분노를 조절하지 못하는 장애일 수도 있다.

연습

알맞은 말을 써서 완성하시오.

아이들은 조심하지 않으면 깨지기 쉬운 그릇과 같다고 한다. 까딱 잘못하면 나쁜 길로 빠지기 쉽다는 의미일 것이다. 그러므로 부모를 비롯한 학교, 사회가 조심스럽고 정성스러운 마음으로 (   ).

답안 예시

아이들을 보호하고 교육하는 데 신경을 써야 한다

2 간접화법

다른 사람의 말을 전달하기 위해서 사용하는 문법이다. 동사와 형용사, 명사의 활용 형태가 다르기 때문에 정확하게 알아야 한다.

▶ **동사**

동사에 '-는다고/ㄴ다고 하다'를 붙여서 간접화법을 만든다.

예문
- 한 기업이 여러 분야의 사업을 장악하기 위해서 은행 돈을 끌어 쓰고 비자금을 조성하게 되면 부작용이 생기고 결국 경제적, 사회적으로 문제가 발생한다고 한다.
- 아이가 스스로 선택할 수 있도록 기회를 주고 문제가 발생했을 때 아이 스스로 해결 방법을 찾을 수 있도록 기다려 주어야 한다. 이러한 교육 방법이 독립적인 아이를 만든다고 한다.
- 명품을 선호하고 맛집을 찾아서 사진을 올리는 것은 모두가 자신을 남에게 과시하려는 행동이다. 전문가들은 넘쳐나는 정보가 사람들의 소비 심리를 자극하고 과소비를 부추긴다고 한다.
- 수상식에 참석한 배우들은 즉흥적인 연기와 노래로 기립박수를 받았다고 한다.

▶ **형용사**

형용사에 '-다고 하다'를 붙여서 간접화법을 만든다.

예문
- 개인파산은 채무를 이행할 수 없는 지급 불능 상태에 있을 때 영업자든 비영업자든 신청할 수 있다고 한다.
- 학교 신문은 일반 신문에서 다룰 수 있는 다양한 내용의 기사나 사건보다는 학문적인 내용을 취급하는 경우가 많다고 한다.
- 이제 세계는 군사력보다는 경제력으로 그 나라의 국력을 평가하게 되었다. 그러면서 경제적 이권을 사이에 두고 국가 간 갈등과 분쟁이 발생하고 있다. 이에 전문가들은 지나친 경쟁에 대해서는 어느 정도 국제기구의 규제가 필요하다고 한다.
- 특별법 제정에 반대 의사를 표명한 의원은 한 명도 없었다고 한다.

▶ **명사**

명사에 '-이라고/라고 하다'를 붙여서 간접화법을 만든다.

예문
- 상대방의 동의 없이 녹음을 하거나 촬영을 하는 것은 불법이기 때문에 처벌 대상이라고 한다.
- 임차인을 보호하기 위해서 전세 관련법을 만들려는 발걸음이 빨라지고 있다. 하지만 정부의 발표에 의하면 관련법의 적용 시기는 빨라도 내년 초가 될 것이라고 한다.
- 학자들에 의하면 인류의 대단한 업적을 만들어 낸 것은 지적인 욕구라기보다는 단순한 호기심이라고 한다. 모든 위대한 발견과 발전은 '왜'라는 질문에서 시작된다.

- 초·중·고등학교를 막론하고 자녀에게 사교육을 시키고 있는 부모가 절반 이상이라고 한다. 이는 공교육에 대한 불신 때문이라는 지적도 있지만 근본적으로는 현재의 공교육이 제 역할을 하지 못하기 때문이다.

연습

알맞은 말을 써서 완성하시오.

직업은 생활을 하기 위해서 필요하지만 어떤 직업을 선택하냐에 따라서 만족스럽고 행복한 삶을 살 수도 있고 평생 일에 매여 살 수도 있다. 직업 선택의 조건이 무엇인지는 개인이 속한 사회의 상황에 따라서 차이가 있다. 하지만 일반적으로는 직업을 선택할 때 ( ).

답안 예시

개인의 적성과 흥미를 고려해야 한다고 말한다

※ **어려운 표현을 적어 두고 복습하세요.**

3 부사어
부사어는 뒤에 연결하는 동사나 형용사의 의미를 더해 주는 문장 성분이다.

▶ **결국**
  예문
  외견상 아무리 좋아 보이는 물건이라고 해도 생산자나 판매자의 진정성이 없다면 결국 소비자들로부터 외면을 당하게 될 것이다.

▶ **공연히**
  예문
  사춘기 아이들은 부모의 말에 공연히 어깃장을 놓기도 한다.

▶ **과연**
  예문
  농산물 시장의 개방을 앞두고 농촌 경제에 대한 우려가 크다. 과연 어떻게 하는 것이 소비자들의 선택권도 보장하면서 농촌을 살릴 수 있는 방법일까?

▶ **다행히**
  예문
  한밤중 주택가에서 발생한 불로 지역 주민들이 대피하는 등 큰 불편을 겪었다. 하지만 다행히 인명 피해는 없는 것으로 조사됐다.

▶ **단지**
  예문
  교통의 발달로 전 세계가 하나의 생활권에 있다고 해도 과언이 아니다. 어느 나라에서 전염병이 돌거나 전쟁이 발생하면 이것은 단지 그 나라만의 문제가 아니다. 그러므로 피해를 줄이기 위해서는 세계가 함께 정보를 공유하고 해결책을 강구해야 한다.

▶ **대개**
  예문
  박물관에 전시된 장신구들은 대개 신분을 나타내기 위해서 착용한 것이 대부분이지만 간혹 여인들의 아름다움을 더하기 위해 사용한 것도 있다.

▶ **마침내**
  예문
  보다 넓은 세계를 갈망하던 탐험가들은 오랜 항해 끝에 마침내 새로운 육지를 발견했다.

▶ **막상**
[예문]
악취로 불편을 겪는 주민들의 민원이 빗발쳤지만 막상 관계 기관에서는 원인조차 파악하지 못한 상황이다.

▶ **새롭게**
[예문]
우리는 외형적이고 가시적인 부분뿐만 아니라 내면적이고 보이지 않는 부분까지 새롭게 변해 가는 사회에 살고 있다.

▶ **여전히**
[예문]
자원봉사자들과 공무원들의 도움으로 피해 지역은 서서히 제 모습을 찾아가고 있다. 하지만 전기와 수도가 복구되지 않아서 주민들은 여전히 불편함을 호소하고 있다.

▶ **정기적으로**
[예문]
50대 이상의 장년층을 대상으로 조사한 결과 정기적으로 건강검진을 받는다는 응답이 과반에도 못 미치는 것으로 나타났다.

▶ **제대로**
[예문]
세대를 막론하고 주식에 투자하는 사람들이 늘고 있으나 해외 투자의 경우 손실규정 등을 제대로 알고 계약하는 사람이 거의 없다.

▶ **특히**
[예문]
농촌의 인구가 감소하는 현상이 가속화하고 있다. 도시에 비해서 농촌의 생활 환경이 낙후되었기 때문이다. 특히 교육 환경이 도시만 못한 것도 그 이유 중의 하나이다.

▶ **함부로**
[예문]
정확한 사실을 모르면서 남의 말을 함부로 하면 안 된다.

연습

알맞은 말을 써서 완성하시오.

아이가 친구와 싸우고 들어오면 열불이 나지 않은 부모는 없을 것이다. 하지만 자신의 감정을 잠시 억누르고 우선 아이의 행동에 공감을 표하고 아이가 어떤 상황에서, 왜 그랬는지를 들어야 한다. 무턱대고 (   ).

답안 예시

아이를 야단부터 치려고 드는 것은 부모로서 현명한 행동이 아니다

※ **어려운 표현을 적어 두고 복습하세요.**

4 관형어
관형어는 뒤에 연결하는 명사 또는 명사에 해당하는 내용을 꾸미는 문장 성분이다.

▶ 동사

동사에 '-는/은/ㄴ/을/ㄹ'을 붙여서 관형어를 만든다. '-던'과 '-었던'을 붙여서 관형어를 만들기도 한다.

예문
- 밤늦게 귀가하는 여성들의 안전을 지키기 위해서 안심동행서비스를 시행하는 지역이 늘고 있다. 서비스를 신청하면 두 명의 경찰이 집까지 동행한다.
- 우리가 날마다 먹고 마시는 것들이 어디에서 왔는지 생각해 본 적이 있는가? 무수히 많은 사람들의 노고와 자연의 도움 없이는 물 한 방울, 쌀 한 톨도 얻기가 어렵다.
- 종이로 만든 책의 수요가 줄고 휴대폰이나 컴퓨터로 책을 읽는 사람들이 늘고 있다. 종이책은 보관도 번거롭고 가격도 비싸기 때문이다.
- 사회에 큰 피해를 준 죄를 짓고도 벌을 받지 않은 사람들에 대한 비난이 쏟아지고 있다. 돈이 없으면 죄가 있고 돈이 있으면 죄가 없어진다는 '무전유죄 유전무죄'라는 말이 사람들을 씁쓸하게 만든다.
- 대통령은 아시아 지역을 순방하고 각국의 정상을 만나 두 나라의 협력 관계를 제안할 예정이다.
- 자신의 실력을 발휘할 기회를 얻었을 때 망설이거나 주저하지 않고 행동하려면 평소에 준비가 되어 있어야 한다.
- 감기에 걸렸을 때 배와 꿀을 달여서 먹는 것은 오래전부터 사용해 오던 민간요법이다.
- 오징어 값이 뉴스가 되었다. 왜냐하면 예전에는 흔했던 생선이 기후 변화로 서식지가 바뀌면서 이제는 구경하기도 힘든 생선이 되었기 때문이다.

▶ 형용사

형용사에 '-은/ㄴ/을/ㄹ'을 붙여서 관형어를 만든다. '-던'과 '-었던'을 붙여서 관형어를 만들기도 한다.

예문
- 잊을 만하면 발생하는 마약 범죄가 우려를 낳고 있다. 마약의 유통을 차단하고 마약 복용 범죄를 예방할 수 있도록 강력한 대책이 나와야 할 것이다.
- 광고 제작은 다양한 매체를 활용한 첨단기술과 제작자의 창의력이 필요한 작업이다.
- 도움이 필요하거나 궁금한 것이 있으면 사무실에 문의하는 것이 제일 빠르다.
- 앞으로 하고 싶은 것을 묻는 질문에 없다거나 모르겠다고 대답하는 청소년들이 많다.
- 운전자가 필요 없는 자동차, 로봇 반려동물 등 우리의 상상을 넘어서는 변화가 시작됐다. 앞으로 다가올 미래가 어떤 모습일지 두렵기도 하고 기대가 되기도 한다.
- 쉽게 포기하지 않고 끝까지 해 보려는 끈기가 있는 사람이 성공의 달콤한 열매를 맛볼 수 있다.
- 정신과 상담실을 찾는 어린이들의 대부분은 학업에 대한 스트레스를 호소한다. 부모의 지나친 기대와 학교에서의 과도한 경쟁 속에서 어린이는 어린이다운 모습을 잃어가고 있다.

- 얼마 전까지만 해도 30도를 오르내릴 정도로 덥던 날씨가 갑자기 쌀쌀해졌다. 갑작스러운 일기 변화 또한 이상기후 현상의 하나라고 한다.

▶ **명사**

명사에 '-인/일'을 붙여서 관형어를 만든다. '-이던'과 '-이었던'을 붙여서 관형어를 만들기도 한다.

예문
- 주민등록번호가 없는 외국인인 경우에 인터넷으로 물건을 구매할 때 제약을 받을 수 있다.
- 환상적인 장면과 호화로운 배우들로 주목을 받고 있는 뮤지컬이 관객들의 성원에 보답하기 위해서 장기공연에 들어간다고 밝혔다.
- 정책이 처음 발표되었을 때는 전체적으로 회의적인 분위기였다. 하지만 반대하던 사람들이 공청회를 통해서 점차 정책의 취지를 이해하기 시작했다.
- 박물관이 임시 휴일인 관계로 급하게 관람 일정을 변경해야 했다.
- 아무리 가족이라고 해도 결국 자신의 문제는 자신이 해결해야 한다. 가족이든 친구든 모두가 이방인일 뿐이다.
- 하루에 한두 번 시외버스가 다니고 마을 전체가 겨우 10가구뿐이던 오지마을이 개발로 몰라보게 달라졌다.
- 당시에는 널리 알려진 유명한 시인이던 그가 이제는 일부러 찾아보지 않으면 작품을 쉽게 접하기가 어려운 작가가 되었다.
- 왕족을 비롯한 귀족들이나 즐길 수 있는 음식이었던 구절판이 이제는 한식집에서 누구나 즐길 수 있는 대중적인 음식이 되었다.

연습

알맞은 말을 써서 완성하시오.

모든 이기적인 행동은 자기중심적인 사고에서 시작된다. 주변을 살피지 않고 자신의 목표를 향해 앞만 보고 달려가거나 물불을 가리지 않고 뛰어든다면 반드시 피해자가 생길 것이다. 자신의 행동으로 피해를 볼 사람이 있다면 그런 행동은 자제해야 한다.
개인의 이익보다는 (   ).

답안 예시

공동체를 먼저 생각하는 의식이 필요하다

5 접속어

접속어는 문장과 문장을 연결하는 기능을 한다.

▶ 그 때문에

예문

오폐수를 관리하는 법이 마련되어 있지만 지키지 않는 사람들이 있다. 공장에서 나온 산업용 폐수를 정화 과정 없이 강물에 흘려보내거나 화학약품을 함부로 버리기도 한다. 그 때문에 오염된 하수를 정화하는 데 엄청난 비용이 들고 있다.

▶ 그래서

예문

현대인들은 전자기기를 이용하면서 많은 시간을 보낸다. 그래서 대부분은 휴대전화나 컴퓨터가 없는 세상은 상상도 못한다.

▶ 그래야

예문

무슨 상품이든 양으로 승부하던 시대는 지났다. 소비자들의 심리를 읽고 선호하는 디자인을 개발하고 품질을 향상시켜야 한다. 그래야 소비자들의 관심을 끌 수 있다.

▶ 그러나

예문

교육부는 지역의 균형발전을 내세우며 수도권 대학의 지방 이전을 추진하고 있다. 그러나 대학 당국이 비협조적인 데다가 재학생과 졸업생들까지 반대하고 있어서 계획을 실행하기까지는 시간이 걸릴 듯하다.

▶ 그러므로

예문

생산 과정의 자동화는 생산직 직원들의 대량 해고로 이어질 수 있다. 이러한 문제는 한 개인이나 한 기업이 해결할 수 있는 문제가 아니다. 그러므로 정부와 모든 기업의 경영자들이 나서야 한다.

▶ 그런데

예문

방송사들은 시청자들의 제보로 뉴스를 만든다고 광고한다. 그런데 시청자들이 제보한 내용의 대부분은 무시되거나 제보자의 의도와는 다른 방향으로 이용된다.

▶ 그런데도

예문

음주운전의 위험성을 알리는 현수막이 곳곳에 붙어 있고 방송을 통해서 공익광고도 한다. 또 경찰이 불시에 음주단속을 하고 있다. 그런데도 음주운전 사례는 여전히 늘고 있고 이로 인한 인명 피해도 잇따르고 있다.

▶ 그렇지만

예문

가요콘서트 입장권이 발매 5분 만에 매진되어 인기를 실감케 했다. 그렇지만 한편에서는 표를 사지 못한 사람들이 발매에 문제가 있다고 항의하기도 했다.

▶ 그리고

예문

장거리 운전을 할 때는 졸음운전을 예방하기 위해서 누군가 옆에 있는 것이 좋다. 그리고 졸음이 온다 싶으면 반드시 가벼운 운동을 해서 몸을 풀고 잠시라도 휴식을 취해야 한다.

▶ 그만큼

예문

의학의 발달로 인간의 평균 수명은 연장되었고 기대 수명은 점점 길어지고 있다. 그만큼 노후 생활 기간도 길어졌으며 노후 대책을 마련해야 할 필요성도 커졌다.

▶ 따라서

예문

대형 유통업체들이 매장을 확장하고 저렴한 가격을 내세우며 시장을 점유하고 있다. 따라서 재래시장이나 골목의 소형 매장들은 생존의 위기에 몰리고 있다.

▶ 뿐만 아니라

예문

좋은 부모가 되기 위해서는 아이의 입장에서 생각하고 대화할 줄 알아야 한다. 뿐만 아니라 아이의 생각을 억누르려는 권위주의적인 태도를 버리고 아이의 의견을 존중할 줄 알아야 한다.

▶ 이로 말미암아

예문

도시에는 부드러운 흙보다는 딱딱한 시멘트와 아스팔트가 대부분이다. 이로 말미암아 도시의 아이들은 자연을 접할 기회가 줄고 우리의 성격도 각박해지는 것 같다.

▶ 하지만

예문

피로가 쌓이면 큰 병을 불러올 수 있다. 하지만 피로를 대수롭지 않게 여기는 사람들이 많다.

연습

알맞은 말을 써서 완성하시오.

대도시에 인구가 집중하면서 많은 문제가 발생하고 있다. 주택 문제, 교통 문제, 교육 문제 등이 그것이다. 특히 (   ). 그래서 도시마다 쓰레기를 어디에, 어떻게 버려야 할지에 대해서 고민하고 있다.

답안 예시

쓰레기 문제는 여러 도시의 골칫거리이다

※ **어려운 표현을 적어 두고 복습하세요.**

6 피동 표현

피동 표현은 문장의 주어가 행동을 하는 주체가 아니라 행동의 영향을 받는 대상이다.

예문
- 화산이 폭발하면 국토의 절반 이상이 화산재로 뒤덮일 것이라는 예상이 나왔다.
- 과제의 내용을 정리한 최종보고서에는 문제에 대한 다양한 해결책이 담길 것이다.
- 많은 사업장에서 작업 환경을 바꾸려는 움직임이 일고 있다. 작업 환경이 바뀌면 생산량도 늘고 효율성도 높아지기 때문이다.
- 대다수가 플라스틱 병에 담긴 물을 마시게 되면서 소비자들을 중심으로 플라스틱 병의 유해성에 대한 논란이 끊이지 않고 있다.
- 남부지역에 폭우가 집중되면서 저지대에 있는 마을과 농토가 물에 잠겼다.
- 전문가들의 의견에 의존해서 제작 연대를 추정했던 기존의 탑과 달리 새로 발견된 탑은 정면에 제작 연대와 제작자가 선명하게 쓰여 있어서 유적으로서의 가치를 더한다.
- 의식주를 비롯한 모든 생활 영역에서 인공지능을 활용할 수 있는 기술이 개발되고 있다. 이제 누구나 인공지능의 편리함을 생활 속에서 누릴 수 있는 시대가 열렸다.
- 어른들은 아이들의 감정을 섬세하게 살펴야 한다. 어려서 받은 상처는 오래도록 지워지지 않기 때문이다.
- 마음의 상처는 크든 작든 사람들에게 아픔을 주지만 시간이 지나면 기억이 흐려지고 결국 잊혀질 것이다.
- 쓰레기 매립지로 선정된 지역의 주민들은 자신들의 재산권이 침해되었다고 항의했다.
- 공연 30분 전에는 공연장에 도착하는 것이 안전하다. 왜냐하면 공연이 시작된 후에는 입장이 불가하기 때문이다.
- 인간의 부주의나 자연재해로 인해 상처를 입은 자연환경이 완전히 회복되려면 오랜 시간이 걸린다.
- 직장인들은 지연이나 혈연, 학연과 같은 조건으로 동료들에게 소외를 당한 경우가 제일 많았다.
- 연구에 필요한 재원을 제대로 확보하지 못한 개발도상국들은 재정적 부담을 나누려는 선진국들의 압력을 받았다.

연습

알맞은 말을 써서 완성하시오.

화가 날 때 화를 내는 것이 좋은지, 화를 참는 것이 좋은지에 대한 의견이 분분하다. 화를 내면 여과 없이 자신의 감정을 보이게 되고 다른 사람들과의 관계가 나빠질 수 있다. 그러나 화를 꾹꾹 눌러 참으면 (   ).

답안 예시

스트레스가 쌓이고 정신적, 신체적으로 문제가 발생할 수 있다

※ 어려운 표현을 적어 두고 복습하세요.

7 사동 표현

사동 표현은 주어가 행동의 주체가 되어서 대상인 목적어에 영향을 미치는 문장을 만든다.

예문

- 단순하고 반복적인 일에서뿐만 아니라 수술과 같이 정교한 기술이 필요한 일에서도 인공지능 로봇이 인간의 빈자리를 채우고 있다.
- 공원 조성 사업에 대한 주민들의 반응이 엇갈리고 있다. 긍정적인 반응을 보이는 사람들은 공원을 조성함으로써 생활환경이 개선되리라고 기대하고 있다.
- 기상청은 폭우를 예보하고 비상시의 대피장소와 대피요령을 긴급문자로 전 국민에게 알렸다.
- 최근 줄줄이 인상된 식품 가격이 소비자들을 놀라게 한다. 가격이 큰 폭으로 오른 데다가 양까지 줄어들어서 서민들을 두 번 울리고 있다.
- 아기들의 건강한 성장을 기원하는 산모들은 아기들이 음식을 먹을 시기가 되면 유기농 재료로 만든 이유식을 먹이겠다고 말한다.
- 종로구에서는 지역 주민들이 자원봉사로 만든 털목도리로 나무에 겨울옷을 입히는 작업을 진행했다.
- 입시 때가 되면 각 시험장에는 자녀의 합격을 기원하며 떡이나 엿을 교문에 붙이려는 학부모들과 이것을 막으려는 학교 관리인들 사이에 웃지 못할 실랑이가 벌어진다.
- 전 세계의 평화와 자유를 위해 4년마다 열리는 세계대회는 개최될 때마다 감동적인 이야기로 수많은 화제를 남겼다.
- 최근 지구가 몸살을 앓고 있다는 것이 전문가들의 진단이다. 이들은 지구의 기후 변화를 늦추기 위해서 모두가 동참해야 한다고 강조한다.
- 개인적으로 또는 직장이나 단체에서 헌혈을 하는 사람들이 많다. 이렇게 헌혈로 공급된 혈액은 환자를 살리고 다양한 의약품 개발에 활용된다.
- 음료 업계 전반에 대한 비판 여론을 잠재우기 위해서 음료 회사들이 기업의 이미지 개선에 나섰다.
- 자신의 직업은 물론 성별까지 속이고 사기결혼을 한 범인의 얼굴이 공개되자 순진하고 앳된 모습에 많은 사람들이 놀랐다.
- 지구온난화로 바다의 생태계가 달라지고 있다. 흔히 볼 수 있던 물고기가 자취를 감추고 바닷물의 높이가 높아졌다. 이것은 따뜻해진 기온이 바닷물을 덥히고 북극의 빙하를 녹이기 때문이다.
- 회사 내 흡연을 반대하는 사람들의 논리는 담배를 피우려고 자리를 비우는 시간이 길어지면 일의 능률이 저하된다는 것이다.

연습

알맞은 말을 써서 완성하시오.

기업의 최대 목표는 생산 원가를 낮추고 판매가를 높여서 이윤을 많이 남기는 것이다. 기업들은 더 많은 (   ) 가능하면 값싼 원료를 찾고 인건비를 낮추려고 애를 쓴다.

답안 예시

이윤을 남기기 위해서

※ 어려운 표현을 적어 두고 복습하세요.

8 관용 표현

관용 표현은 두 개 이상의 단어로 이루어지며 그 단어들의 의미만으로 설명되지 않는 특별한 의미로 사용되는 표현이다. 한국어에서 습관적으로 같이 사용하는 두 단어 이상으로 만들어진 표현이다.

▶ 극성을 부리다

예문

무더운 날씨가 계속되면서 전국에서 모기가 극성을 부리고 이로 인한 전염병을 우려해 보건 당국이 방역작업을 펼치고 있다.

▶ 눈치를 채다

예문

치매를 앓는 인구가 증가하고 있으나 이들을 조기에 치료하는 데 어려움이 있다. 치매는 특성상 병이 상당히 진행될 때까지 가족이나 주변인들이 눈치를 채기가 어렵기 때문이다.

▶ 몸으로 때우다

예문

경제 상황이 악화되면서 벌금형을 선고받고도 벌금을 낼 수 없는 범법자가 늘고 있다. 재판부는 이들에게 일정 시간 봉사활동을 하게 하는 등 몸으로 때우는 노동형을 선고하고 있다.

▶ 문턱이 높다

예문

은행들은 서민들의 어려움을 덜어 주기 위해서 대출이자를 낮추고 신용등급에 따라서 다양한 혜택을 제공하고 있다. 하지만 서민들에게 은행의 문턱은 여전히 높아서 돈을 빌리기가 어렵다.

▶ 바가지를 쓰다

예문

생산에 필요한 일부 부품이 품귀현상을 빚자 중소기업들이 터무니없이 비싼 가격으로 수입을 해야 했으며 전문 인력과 해외 정보가 부족해 무려 30배나 바가지를 쓴 것으로 드러났다.

▶ 발 디딜 틈이 없다

예문

생필품 가격이 최고 30%까지 치솟고 있는 가운데 한 대형마트에서 생필품의 과격 세일을 실시해 소비자들이 몰리면서 발 디딜 틈이 없었다.

▶ 보조를 맞추다

예문

대북정책의 방향을 놓고 의견이 분분하지만 기본적인 방침은 우방국들과 보조를 맞추는 것이다.

▶ **풀이 죽다**
  예문
  늘 자신감이 넘치던 사람도 한두 번 실패를 하고 나면 풀이 죽기 마련이다.

▶ **피해를 입다**
  예문
  갑작스럽게 몰아닥친 한파로 농작물들이 큰 피해를 입으면서 물가 인상을 주도하고 있다.

▶ **흐름을 타다**
  예문
  국내 라면 업계의 대표 상품들이 한식 세계화의 흐름을 타고 매출이 급성장하고 있다.

연습

알맞은 말을 써서 완성하시오.

인간은 혼자서 살아가기 어려운 사회적 동물이다. 그래서 자의에서든 타의에서든 다양한 목적의 모임에 참여한다. 그것은 단순히 (   ) 모임처럼 보일 때도 있지만 사회적 관계를 맺고자 하는 인간의 욕구를 충족시켜 준다. 그리고 소속감과 안도감을 주는 역할을 한다.

답안 예시

친목을 도모하는

9 격식체

설명하는 글이나 주장하는 글을 쓸 때는 격식체 반말 형태를 사용해서 글을 작성해야 한다.

▶ 동사

동사에 '-는다/ㄴ다'를 붙여서 격식체 반말을 만든다.

예문
- 우리는 살면서 성공으로 기뻐하기도 하고 실패로 슬퍼하기도 한다.
- 결혼식에서 하객들은 축의금을 내서 새 출발하는 신랑신부를 축하하고 신랑신부는 기쁜 마음으로 하객들의 축하를 받는다.
- 부모의 지나친 간섭이 아이들을 의존적이고 나약하게 만든다.
- 자신의 약점을 다른 사람이 장난 삼아 이야기하면 누구나 기분이 나빠진다.
- 이제 인공지능은 단순하고 기계적인 업무를 넘어서 복잡하고 창의적인 작업에서도 적극적으로 활용된다.
- 산업혁명 이후 사람들은 대량 생산을 할 수 있는 공장을 세웠고 이 공장에서 배출하는 유해 가스가 대기 오염에 큰 영향을 주었다.

▶ 형용사

형용사에 '-다'를 붙여서 격식체 반말을 만든다.

예문
- 모르는 사람을 위해서 기부금을 내거나 봉사활동을 한다는 것은 큰 용기가 필요하다.
- 인간관계를 좋게 하기 위해서는 대화를 통해서 상대방을 이해하고 배려하는 것이 제일 중요하다.
- 친구 관계에서든 직장에서든 마음이 맞는 사람들과 함께 할 때 마음이 편하다.
- 특별한 가르침이 아니라 부모가 옳은 행동을 보여 주기만 해도 아이들에게는 큰 교육이 된다. 윗물이 맑아야 아랫물이 맑다.
- 아무리 좋은 음식이라고 해도 지나치게 섭취하면 건강에 해롭다.
- 건강은 건강할 때 지켜야 한다. 지금 괜찮다고 해서 자신의 건강을 과신하다가는 건강을 잃을 수도 있다.

▶ 명사

명사에 '-이다'를 붙여서 격식체 반말을 만든다.

예문
- 규칙적으로 식사를 하고 운동을 하면 살이 빠진다는 것은 대부분의 사람들이 알고 있는 상식 중의 하나이다.

- 현재 우리가 누리고 있는 편리함과 풍족함은 부모 세대들의 노력과 희생 덕분이다.
- 남의 말을 안 듣고 자기 뜻대로만 하려는 사람들은 대개 자기중심적인 성격의 소유자이다.
- 모두가 바라는 것은 거창한 무엇이 아니라 가족의 행복 같은 소박한 것이다.
- 일자리가 부족해서 매년 실업자가 늘고 있지만 많은 노동력이 필요한 분야에서는 오히려 인력난을 겪고 있다. 누구나 편하고 쉬운 일을 원하고 힘든 일은 안 하려고 들기 때문이다.
- 지구온난화로 인해 발생할 수 있는 무서운 결과를 모르는 사람은 없지만 모른 척하는 사람들은 많다. 자신이 스스로 뭔가를 하겠다는 생각보다는 누군가가 적극적으로 나서서 해결해 주기를 바랄 뿐이다.

연습

알맞은 말을 써서 완성하시오.

경제적 발전만을 내세워 무분별하게 개발을 지속한다면 우리의 자연환경은 서서히 파괴될 것이다. 이러한 문제를 심도 있게 논의하기 위해서 지역자치단체에서는 비상대책위원회를 만들어서 (   ).

답안 예시

정부와 주민이 소통할 수 있는 장을 마련하기로 했다

※ **어려운 표현을 적어 두고 복습하세요.**

10 문형

문형은 특정한 맥락에 사용되는 문법 덩어리이다. 문형의 의미와 제약, 같이 사용해야 하는 문법 등을 익혀야 정확한 문장을 만들 수 있다.

▶ __기 때문에

예문

초등학교를 비롯한 중고등학교에 여교사 편중 현상이 심화되고 있기 때문에 임용 때 일정 비율을 남성으로 뽑는 제도를 도입하려는 것이다.

▶ __기도 하고 __기도 하다

예문

기업들이 이윤을 사회에 환원하기 위해서 다양하게 노력하고 있다. 사회 약자를 돕는 행사를 벌이기도 하고 자연환경을 보존하는 활동을 하기도 한다.

▶ __기 위해서는

예문

사립학교의 재정난을 해소하기 위해서는 정부의 지원도 필요하지만 무엇보다 사립학교 자체의 생존 전략이 있어야 한다.

▶ __다고 조언하다

예문

최근 건강보조식품에 대한 관심이 높아지면서 다양한 제품들이 출시되고 있다. 그런데 전문가들은 건강보조식품도 식품이기 때문에 과용하면 좋지 않다고 조언한다.

▶ 만일 __으면

예문

발신자를 알 수 없는 문자메시지나 이메일은 열어 보지 않는 것이 좋다. 만일 돈을 부탁하는 내용이면 반드시 본인에게 연락해서 진위를 확인해야 한다.

▶ 실제로는

예문

살을 뺄 목적으로 운동을 시작하는 사람들이 있다. 그러나 실제로는 열심히 운동을 해도 전혀 살이 빠지지 않는 경우가 허다하다.

▶ __으로 인해

예문

자신이 남보다 못하거나 부족하다는 느낌을 열등감이라고 한다. 이러한 열등감으로 인해 부정적인 사고가 형성되고 비정상적인 행동을 하는 사람들도 있다.

▶ 하나는 ＿ 다른 하나는

[예문]

출산율이 감소하는 이유는 분명하다. 하나는 경제적인 문제로 자녀 양육을 부담스러워하기 때문이며 다른 하나는 개인 생활을 우선시하기 때문이다.

연습

알맞은 말을 써서 완성하시오.

사춘기 청소년들은 기존의 질서에 대한 반발심이 많다. 이런 점이 걱정이 되어서 부모들은 아이들의 생활에 더 관여하고 구속한다. 하지만 부모가 아이들의 행동에 간섭을 하면 할수록 (   ).

답안 예시

아이들은 더 반항적인 행동을 하게 된다

※ **어려운 표현을 적어 두고 복습하세요.**

쓰기 53

그래프와 정보 설명하기

1. 주제문 작성하기
2. 개요 작성하기
3. 단락 쓰기
   도표 설명하기, 도표 현황 비교 설명하기, 설명하기

[유형 A] 문제 풀이 무료 동영상 강의가 제공됩니다.
한 단계 더 높은 [유형 B] 문제 풀이 동영상 강의로 토픽 시험을 완벽하게 준비하세요.

53 유형 A

■ 그래프와 정보 설명하기 【토픽 II 쓰기 53번 문제】

> ▶ 제시된 글자 수 200~300자에 맞춰 글을 작성해야 한다.
> ▶ 도표에 나오는 자료를 활용하여 설명문을 작성해야 한다.
> ▶ 도표에 나와 있는 수치를 적절히 활용하여 설명해야 한다.
> ▶ 원고지 사용 방법에 맞춰 정확하게 써야 한다.

53. 다음은 '유통채널별 매출 추이'에 대한 자료이다. 이 내용을 200~300자의 글로 쓰시오. 단, 글의 제목은 쓰지 마시오. (30점)

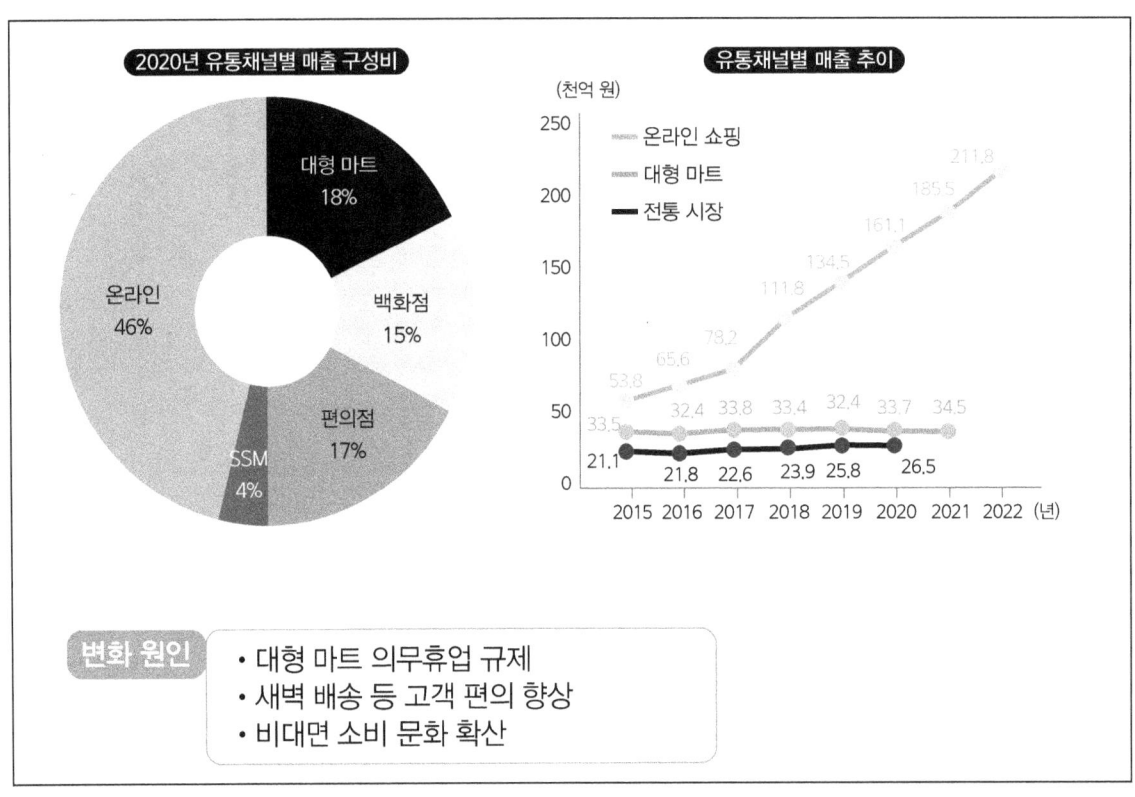

53번 문제 평가 내용

구분	채점 근거	내용
내용 및 과제 수행	과제 수행	도표 설명
	주제 관련 내용 구성	온라인 매출 변화 양상 및 변화 원인 설명
	내용의 풍부성, 다양성	도표가 의미하는 수치와 변화의 원인에 대한 설명이 다양한 표현으로 구성
글의 전개 구조	글의 구성	도표의 설명과 도표가 나타내는 변화의 원인에 대한 논리적인 구성
	단락 구성	〈도표 1〉, 〈도표 2〉와 변화의 원인에 대한 단락 구성
	담화 표지 사용	'_로 나타나다, 살펴보면, _데다가, _분석된다' 등 도표 설명과 원인 분석에 필요한 담화 표지를 적절히 사용
언어 사용	문법과 어휘 사용	적절한 문법과 어휘의 사용
	맞춤법	정확한 맞춤법을 사용하여 글을 구성
	기능과 격식	도표와 변화 원인에 대한 설명문에 맞는 글의 구성

답안 예시

　　최근 온라인 판매가 크게 늘고 있다. 2020년 통계청 자료에 의하면 온라인 매출이 46%로 거의 절반을 차지하는 것으로 나타났다. 유통채널에 따른 매출의 변화를 살펴보면 대형 마트와 전통 시장은 성장세가 멈춘 반면 온라인 쇼핑은 해마다 엄청난 성장을 지속하고 있다. 이러한 변화의 원인은 주말에 영업을 할 수 없는 대형 마트 의무휴업 규제와 함께 비대면 소비 문화가 확산된 데다가 온라인 유통업체가 새벽 배송 등 고객의 편의 향상을 위해 발 빠르게 움직인 결과로 분석된다.

풀이

〈도표 1〉은 유통업체에 따른 매출액을 비교한 것이다. 〈도표 1〉에서 온라인 매출이 많은 비중을 차지하고 있음을 설명해야 한다. 〈도표 2〉는 유통업체별 매출의 변화 추이에 대한 그래프이다. 온라인 쇼핑이 급격한 성장을 보이고 있는 반면에 대형 마트와 전통 시장은 거의 성장이 이루어지고 있지 않음을 설명해야 한다. 마지막으로 이러한 변화가 나타난 원인에 대한 설명이 이루어져야 한다.

유형 B

■ 그래프와 정보 설명하기 【토픽Ⅱ 쓰기 53번 문제】

전략
▶ 제시된 글자 수 200~300자에 맞춰 글을 작성해야 한다.
▶ 도표에 나오는 자료를 활용하여 설명문을 작성해야 한다.
▶ 도표에 나와 있는 수치를 적절히 활용하여 설명해야 한다.
▶ 원고지 사용 방법에 맞춰 정확하게 써야 한다.

53. 다음은 '청소년 스마트폰 이용'에 대한 자료이다. 이 내용을 200~300자의 글로 쓰시오. 단, 글의 제목은 쓰지 마시오. (30점)

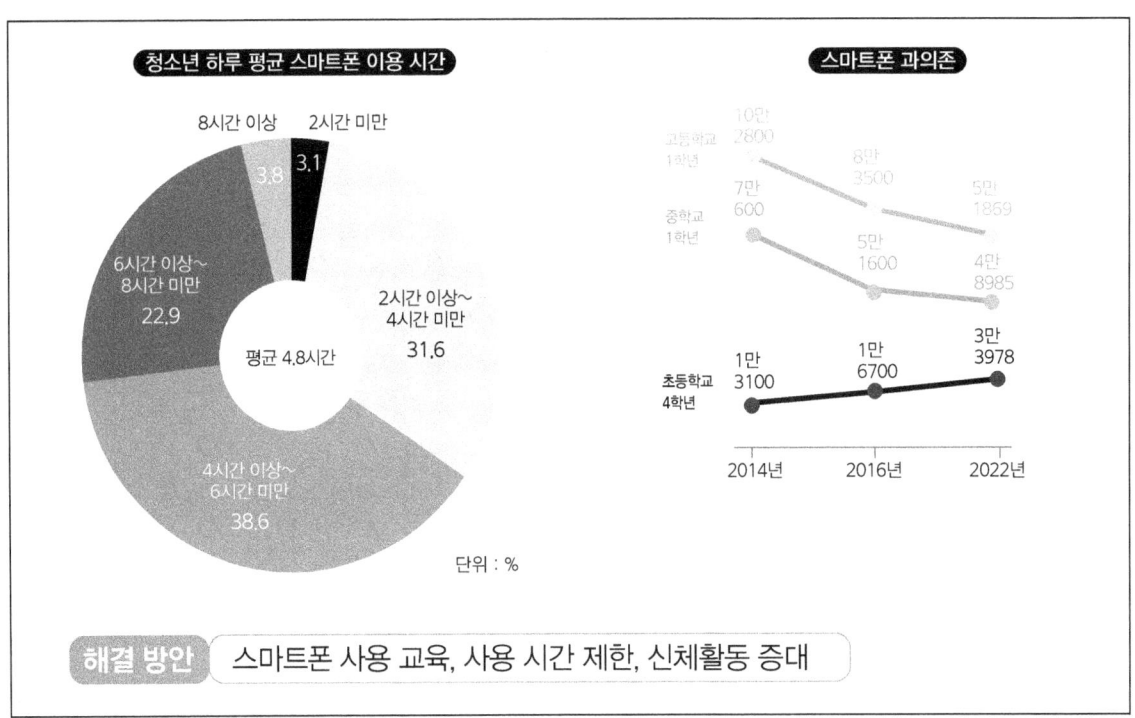

53번 문제 평가 내용

구분	채점 근거	내용
내용 및 과제 수행	과제 수행	도표 설명
	주제 관련 내용 구성	스마트폰 사용 시간과 스마트폰 중독 추이, 해결 방안 설명
	내용의 풍부성, 다양성	도표가 의미하는 변화의 해결 방안에 대한 설명이 다양한 표현으로 구성
글의 전개 구조	글의 구성	도표의 설명과 도표가 나타내는 의미에 대한 논리적인 구성
	단락 구성	〈도표 1〉과 〈도표 2〉의 설명과 해결 방안이 유기적으로 연결
	담화 표지 사용	'__로 나타나다, 결과를 보면, __은 반면, __음을 알 수 있다' 등 도표 설명과 해결 방법에 대한 담화 표지를 적절히 사용
언어 사용	문법과 어휘 사용	적절한 문법과 어휘의 사용
	맞춤법	정확한 맞춤법을 사용하여 글을 구성
	기능과 격식	도표와 해결 방안에 대한 설명문에 맞는 글의 구성

답안 예시

　청소년들의 과도한 스마트폰 사용이 문제가 되고 있다. 청소년들은 하루 평균 4.8시간 동안 스마트폰을 사용하고 있으며 4시간 이상 사용하는 청소년들이 65%를 넘는 것으로 나타났다. 스마트폰 과의존 결과를 보면 중고등학생들이 소폭의 감소 현상을 보인 반면 초등학생들은 꾸준히 늘고 있음을 알 수 있다. 아직 절제가 잘 되지 않는 초등학생들이므로 적절한 스마트폰 사용에 대한 교육과 사용 시간에 제한을 둘 필요가 있다. 또한 신체활동 기회를 늘려 스마트폰을 가까이하지 않도록 하는 것도 하나의 해결 방안이 될 수 있다.

풀이

〈도표 1〉은 청소년들의 하루 평균 스마트폰 이용 시간을 보여 주고 있다. 〈도표 1〉에서 스마트폰 이용 시간이 많음을 설명하고 특히 4시간 이상 사용하는 청소년들이 많음을 설명하는 것이 좋다. 〈도표 2〉는 스마트폰 중독인 청소년의 수치를 나타내고 있다. 중고등학생에 비해 초등학생의 스마트폰 과의존 상태가 지속적으로 증가함을 설명해야 한다. 이러한 문제의 해결 방안으로 스마트폰 사용에 대한 교육과 시간 제한 그리고 신체활동의 증대 등을 기술해야 한다.

53 유형 학습 1

원고지 쓰는 연습

▶ 원고지 사용의 방법을 정확하게 익혀 원고지 쓰는 방법에 맞게 써야 한다.

1 첫 문단이 시작될 때 한 칸을 띄우고 쓴다.

예시

	지	구	온	난	화	로		바	다	의		생	태	계	가		달	라	지
고		있	다	.	흔	히		볼		수		있	던		물	고	기	가	
자	취	를		감	추	고		바	닷	물	의		높	이	가		높	아	졌
다	.																		

2 원고지 한 칸에 한 글자를 쓴다.

예시

	개	인	적	으	로		또	는		직	장	에	서	,	단	체	에	서	
헌	혈	을		하	는		사	람	들	이		많	다	.	이	렇	게		헌
혈	로		공	급	된		혈	액	은		환	자	를		살	리	고		다
양	한		의	약	품		개	발	에		활	용	된	다	.				

3 물음표(?), 느낌표(!), 쉼표(,), 마침표(.) 등의 문장 부호는 한 칸에 쓴다.

예시

| | 화 | 를 | | 내 | 는 | | 것 | 이 | | 좋 | 은 | 지 | , | 화 | 를 | | 참 | 는 | |
| 것 | 이 | | 좋 | 은 | 지 | 에 | | 대 | 한 | | 의 | 견 | 이 | | 분 | 분 | 하 | 다 | . |

4 물음표와 느낌표는 다음 칸을 비운다. 그러나 쉼표와 마침표는 다음 칸을 비우지 않는다.

예시

	아	이	들	의		감	정	을		섬	세	하	게		살	펴	야		하
는		이	유	는		무	엇	일	까	요	?		그		이	유	는		어
려	서		받	은		상	처	는		오	래	도	록		지	워	지	지	
않	기		때	문	입	니	다	.											

예시

	피	로	가		쌓	이	면		큰		병	을		불	러	올		수	
있	다	.	하	지	만		피	로	를		대	수	롭	지		않	게		여
기	는		사	람	들	이		많	다	.									

5 한 문단이 끝나고 새로운 문단이 시작될 때 다음 줄로 넘어가서 첫 칸을 띄우고 쓴다.

예시

　　오폐수를 관리하는 법이 마련되어 있지만 지키지 않는 사람들이 있다. 공장에서 나온 산업용 폐수를 강물에 흘려보내거나 화학약품을 함부로 버리기도 한다. 그 때문에 오염된 하수를 정화하는 데 엄청난 비용이 들고 있다. 오폐수 문제를 해결하기 위해서는 다음의 정책들이 시행되어야 한다.
　　첫째, 오폐수를 불법으로 내보내는 업체를 철저하게 조사하고 그에 따른 법적인 처벌을 강화해야 한다.

6 문단을 처음 시작할 때를 제외하고는 첫 칸을 띄우지 않는다. 줄의 끝에 띄울 칸이 없는 경우에 다음 줄의 첫 칸을 띄우지 않고 쓴다.

예시

	오	페	수	를		관	리	하	는		법	이		마	련	되	어		있
지	만		지	키	지		않	는		사	람	들	이		있	다	.	이	런
사	람	들																	

7 숫자는 한 칸에 두 자씩 쓴다.

예시

	20	20	년	에		비	해		60	대	의		취	업	률	이		2	배
증	가	한		것	으	로		나	타	났	다	.							

연습

다음 문장을 원고지에 써 보세요.

1. 지구온난화로 바다의 생태계가 달라지고 있다. 흔히 볼 수 있던 물고기가 자취를 감추고 바닷물의 높이가 높아졌다.

2. 개인적으로 또는 직장에서, 단체에서 헌혈을 하는 사람들이 많다. 이렇게 헌혈로 공급된 혈액은 환자를 살리고 다양한 의약품 개발에 활용된다.

3. 화를 내는 것이 좋은지, 화를 참는 것이 좋은지에 대한 의견이 분분하다.

4. 아이들의 감정을 섬세하게 살펴야 하는 이유는 무엇일까요? 그 이유는 어려서 받은 상처는 오래도록 지워지지 않기 때문입니다.

5. 오폐수를 관리하는 법이 마련되어 있지만 지키지 않는 사람들이 있다. 공장에서 나온 산업용 폐수를 강물에 흘려보내거나 화학약품을 함부로 버리기도 한다. 그 때문에 오염된 하수를 정화하는 데 엄청난 비용이 들고 있다. 오폐수 문제를 해결하기 위해서는 다음의 정책들이 시행되어야 한다.

첫째, 오폐수를 불법으로 내보내는 업체를 철저하게 조사하고 그에 따른 법적인 처벌을 강화해야 한다.

6. 2020년에 비해 60대의 취업률이 2배 증가한 것으로 나타났다.

· 원고지 양식에 맞춰 제대로 썼는지, [유형 학습1]을 통해 확인해 보세요.

53 유형 학습 2

▶ 도표의 내용을 잘 파악하여 글의 내용을 잘 구성해야 한다. 도표를 설명할 때 많이 활용되는 표현들을 익혀 단락을 구성해야 한다. 두 개의 도표를 비교하여 설명하고 제시되어 있는 원인이나 해결 방법 등에 대해 정확한 표현을 사용하여 글을 일관성 있게 구성해야 한다. 주제문 작성하기 → 개요 작성하기 → 단락 작성하기의 순서로 연습하면 된다.

1 주제문 작성하기

전체 글의 중심 내용을 정확하게 이해해야 한다. 무엇에 대한 글을 쓸지 명확하게 파악하여 주제문을 구성한다.

예시

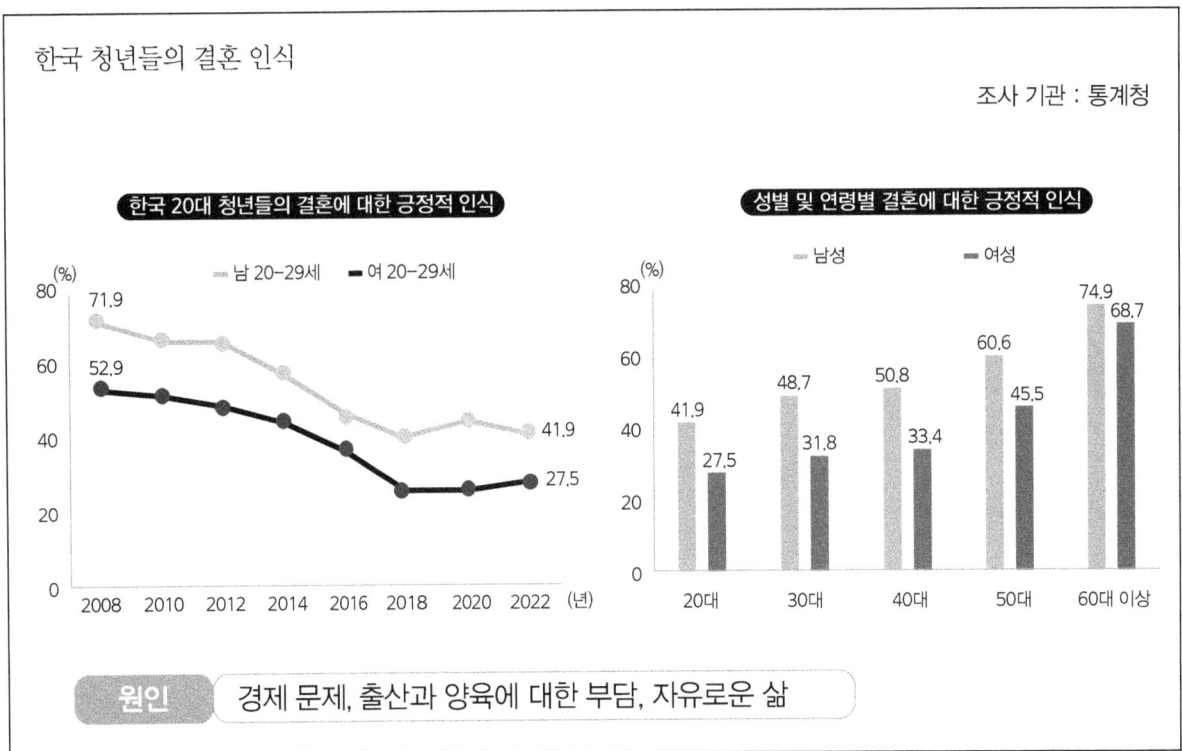

주제문 작성하기

20대 한국 청년들은 결혼에 대해서 부정적이다.

연습

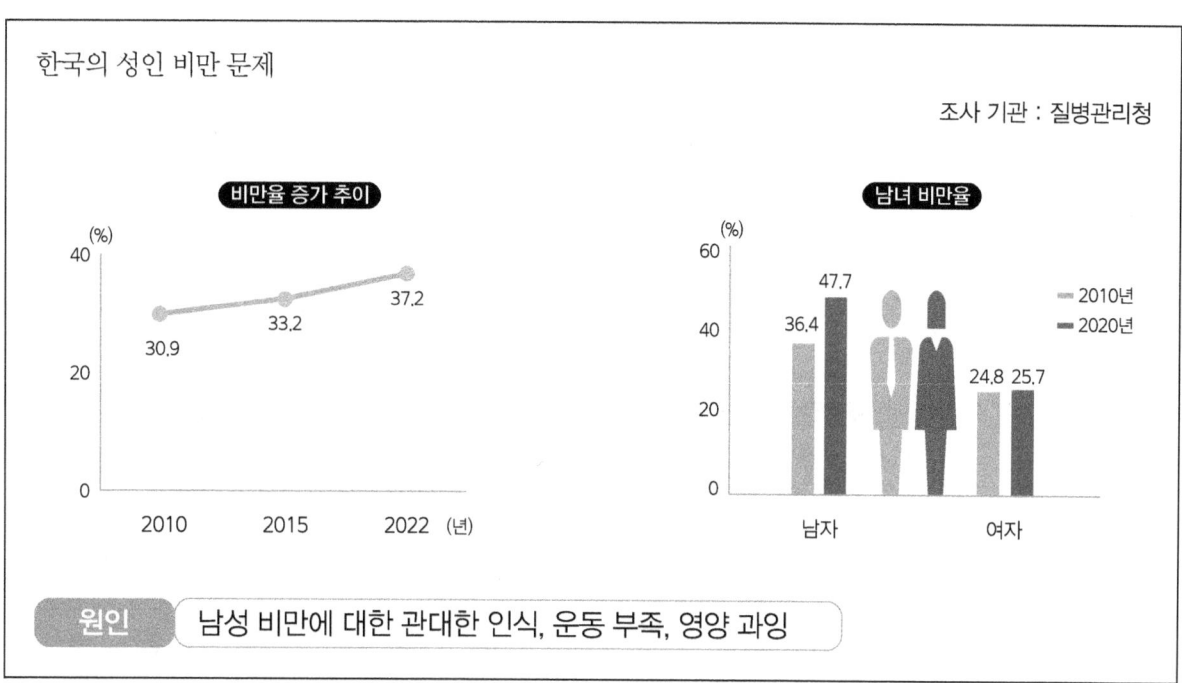

주제문을 써 보십시오.

답안 예시

성인 남성의 비만율이 지속적으로 증가하고 있다.

2 개요 작성하기

전체적인 글의 중심 내용인 주제문을 작성한 후 글의 내용에 들어갈 개요를 작성한다. 전체의 글이 일관성 있게 구성될 수 있도록 글에 포함되어야 할 내용을 정리한다.

예시

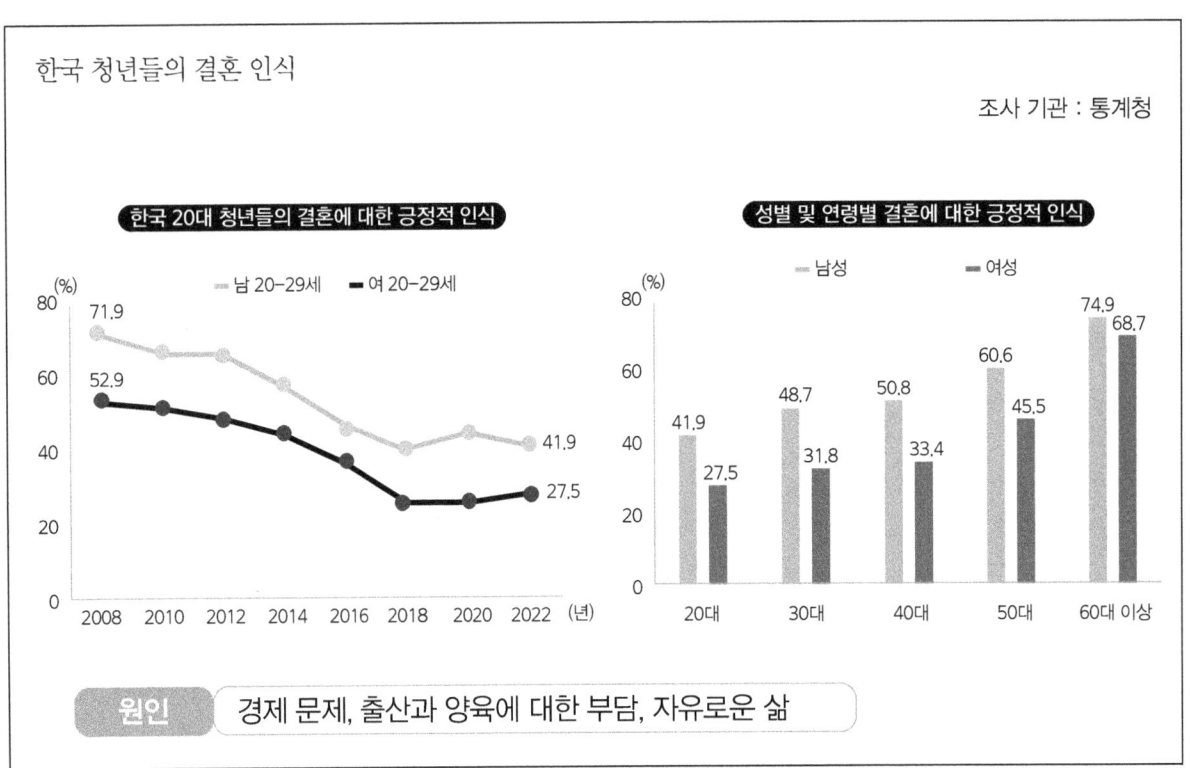

개요 작성하기

20대 청년들의 결혼에 대해 긍정적인 인식이 낮다.
성별과 연령에 따라 결혼에 대한 인식이 차이가 있다.
결혼에 대한 부정적 인식의 원인은 경제적인 문제와 자녀에 대한 부담, 자유로운 삶을 추구하기 때문으로 나타났다.

연습

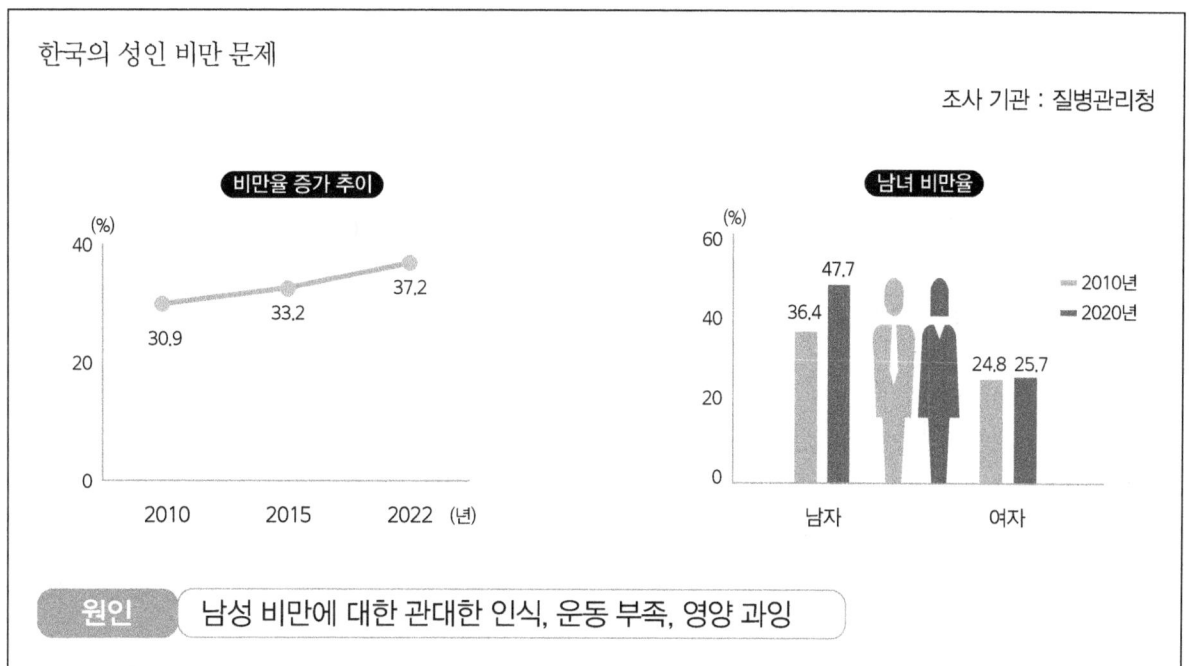

개요를 써 보십시오.

답안 예시

한국 비만 인구가 늘고 있다.
여성에 비해 성인 남성의 비만율이 높다.
남성 비만에 대한 관대한 인식, 운동 부족과 영양 과잉이 그 원인이다.

3 단락 쓰기

3-1. 도표 설명하기

도표에서 의미하는 내용을 정확하게 이해해야 한다. 도표에 나타난 변화 추이나 비교 분석 등을 정확하게 파악하는 것이 중요하다.

주요 표현

▶ __는 것으로 나타나다/밝혀지다
   예문
   초중고 사교육비는 해마다 큰 폭으로 증가한 것으로 나타났다.

▶ __에 따르면
   예문
   통계청 조사 결과에 따르면 올해 청소년들의 흡연율은 소폭 감소한 것으로 나타났다.

▶ __은 결과
   예문
   화재의 원인을 분석한 결과 담뱃불로 인한 화재임이 밝혀졌다.

▶ __은 경우
   예문
   초등학생의 경우 조기 유학 비율이 10년 전에 비해 감소했다.

▶ __을 살펴보면
   예문
   올해 서울시 청년들을 대상으로 조사한 결과를 살펴보면 다음과 같다.

▶ __임을 알 수 있다
   예문
   많은 청년들이 취업에 어려움을 겪고 있음을 알 수 있다.

예시

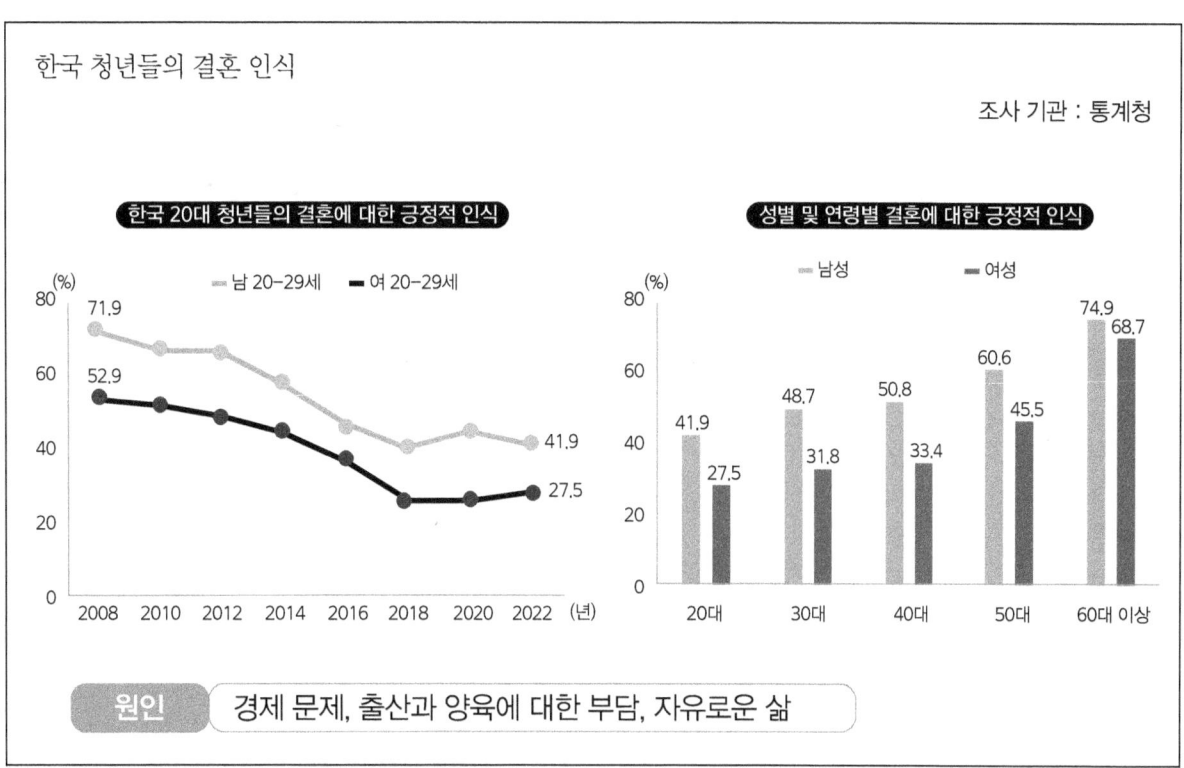

도표 설명하기

올해 통계청 조사 결과에 따르면 20대 한국 청년들의 결혼에 대한 인식은 부정적인 것으로 나타났다. 2008년에 비해 남성의 경우 71.9%에서 41.9%로, 여성은 52.9%에서 27.5%로 긍정적인 인식이 낮아졌다.

연습

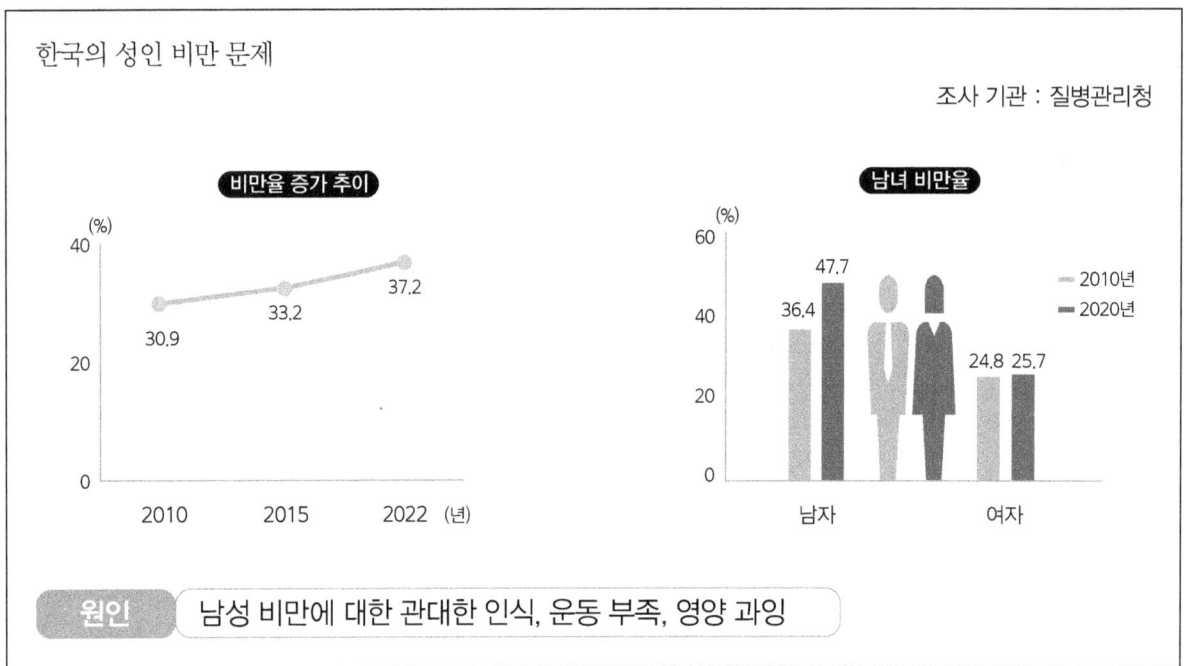

도표를 설명해 보십시오.

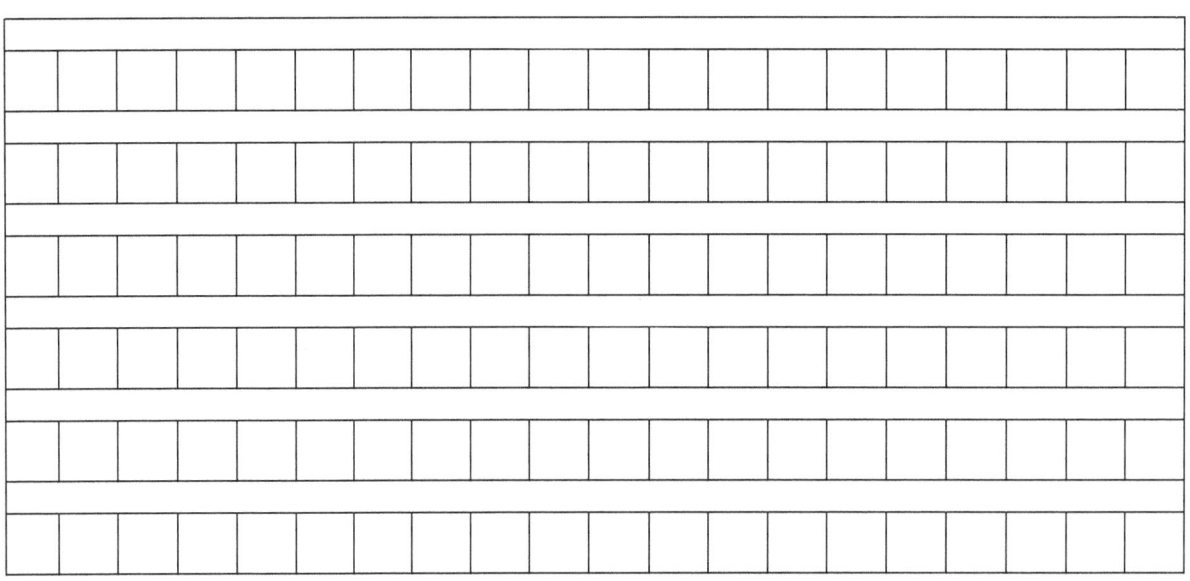

답안 예시

　한국의 성인 비만 인구가 지속적으로 증가하고 있다. 질병관리청 조사 결과에 의하면 2010년 30.9%였던 성인 비만율이 2022년에는 37.2%로 증가한 것으로 나타났다.

3-2. 도표 현황 비교 설명하기

주어진 〈도표 1〉과 〈도표 2〉를 정확하게 파악하여 유기적으로 연결해서 설명해야 한다. 〈도표 1〉과 〈도표 2〉가 의미하는 내용을 일관성 있게 기술해야 한다.

주요 표현

▶ __에 따라 차이를 보이다

예문
취업률은 성별과 연령에 따라 차이를 보이고 있다.

▶ __에 비해

예문
작년에 비해 올해 청년들의 취업률이 소폭 증가한 것으로 알려졌다.

▶ __와 달리

예문
20대와 달리 60대는 취업률이 증가한 것으로 나타났다.

▶ __와 마찬가지로

예문
작년과 마찬가지로 올해도 20대 청년들의 취업률은 저조한 상태이다.

▶ __은 반면

예문
20대 취업률은 감소한 반면 60대 취업률은 증가했다.

▶ __을수록

예문
가정 경제 상황이 좋지 않을수록 고도 비만율이 증가했다.

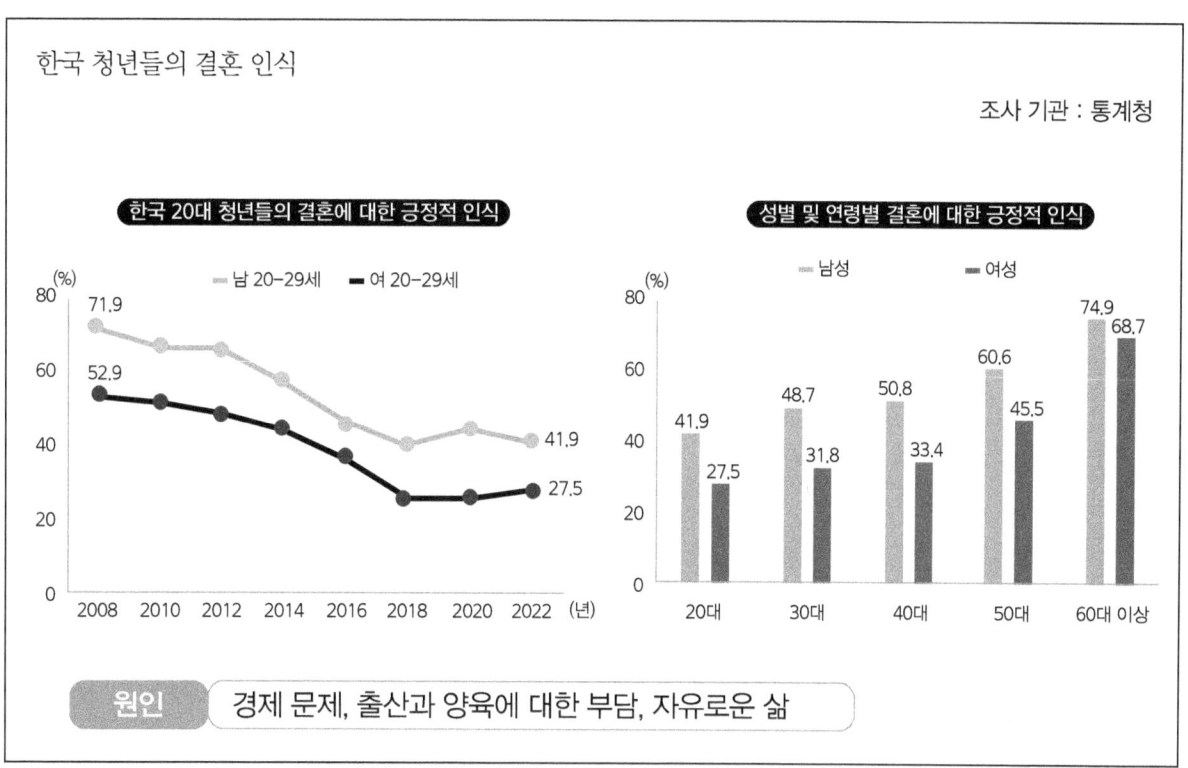

도표를 현황 비교하여 설명하기

	올	해		통	계	청		조	사		결	과	에		따	르	면		한
국		20	대		청	년	들	의		결	혼	에		대	한		인	식	은
부	정	적	인		것	으	로		나	타	났	다	.		20	08	년	에		비
해		남	성	의		경	우		71	.9	%	에	서		41	.9	%	로	,
여	성	은		52	.9	%	에	서		27	.5	%	로		긍	정	적	인
인	식	이		낮	아	졌	다	.		성	별	과		연	령	별	에		따	라
구	체	적	으	로		살	펴	보	면		남	성	이		여	성	보	다	.

연령이 높을수록 결혼에 대해서 긍정적인 것으로 나타났다.

연습

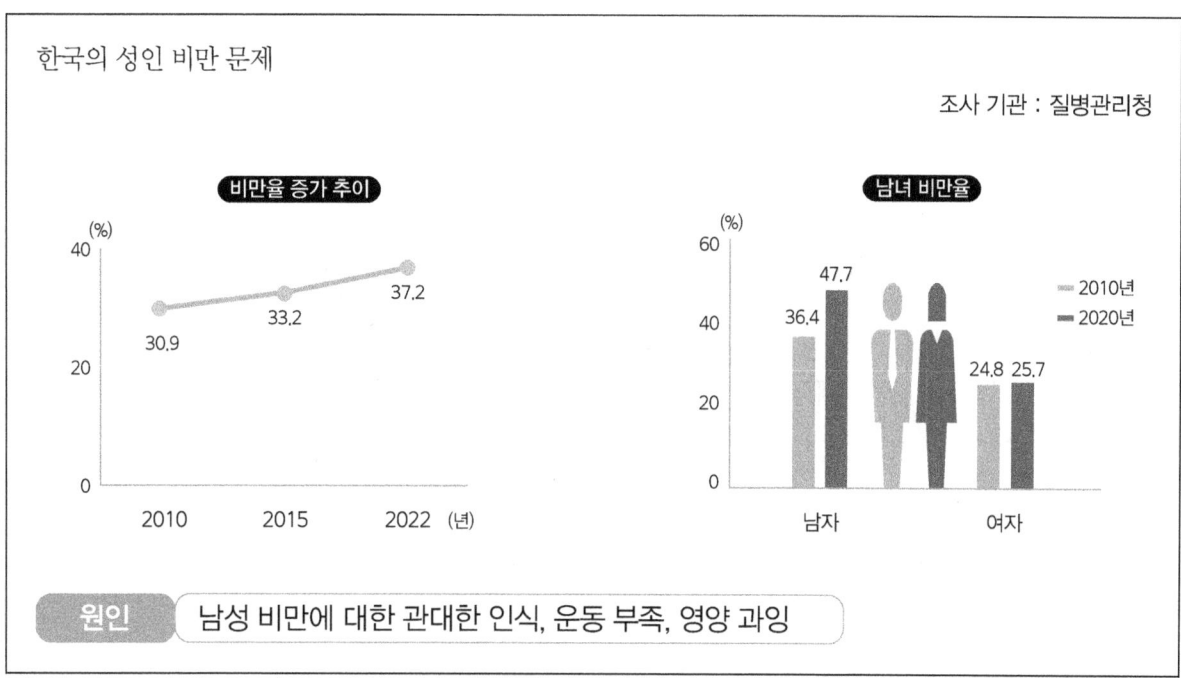

도표 현황을 비교하여 다음 내용에 이어 설명해 보십시오.

	한	국	의		성	인		비	만		인	구	가		지	속	적	으	로
증	가	하	고		있	다	.		질	병	관	리	청		조	사		결	과	에
의	하	면		20	10	년		30	.9	%		였	던		성	인		비	만	율
이		20	22	년	에	는		37	.2	%	로		증	가	한		것	으	로
나	타	났	다	.															

답안 예시

　한국의 성인 비만 인구가 지속적으로 증가하고 있다. 질병관리청 조사 결과에 의하면 2010년 30.9%였던 성인 비만율이 2022년에는 37.2%로 증가한 것으로 나타났다. 특히 남성 비만율이 눈에 띄게 증가했다. 여성은 약 10년간 비만율이 소폭 증가했다. 하지만 남성의 경우 여성에 비해 비만율의 증가세가 가파른 것으로 나타났다.

3-3 설명하기

도표 아래에 제시되어 있는 원인, 문제점, 해결 방안 등의 내용을 잘 파악하여 정리해야 한다. 도표와 제시되어 있는 내용이 유기적으로 연결되도록 단락을 완성해야 한다.

주요 표현

▶ __등이 있다

예문
저출산의 원인으로는 양육에 대한 부담, 경제적인 문제, 개인의 자유로운 삶 추구 등이 있다.

▶ __면 다음과 같다

예문
지방 소도시 인구 감소의 주요 원인을 살펴보면 다음과 같다.

▶ __문제가 되고 있다

예문
이상 기후 현상이 전 세계적으로 문제가 되고 있다.

▶ __뿐만 아니라

예문
소방서에서는 화재 진압에 대한 교육뿐만 아니라 응급 처치에 대한 교육도 실시하고 있다.

▶ __에서 나타난 것처럼

예문
올해 통계 결과에서 나타난 것처럼 청소년 폭력 문제가 심각하다고 볼 수 있다.

▶ 왜냐하면 __기 때문이다

예문
왜냐하면 전체적으로 소득이 감소했기 때문이다.

▶ __원인으로 분석된다

예문
정부의 미흡한 대책이 청년 실업 문제의 원인으로 분석된다.

▶ __이라는 점이다

예문
중요한 점은 저출산 문제가 개인의 선택을 넘어 국가적인 문제가 되고 있다는 점이다.

예시

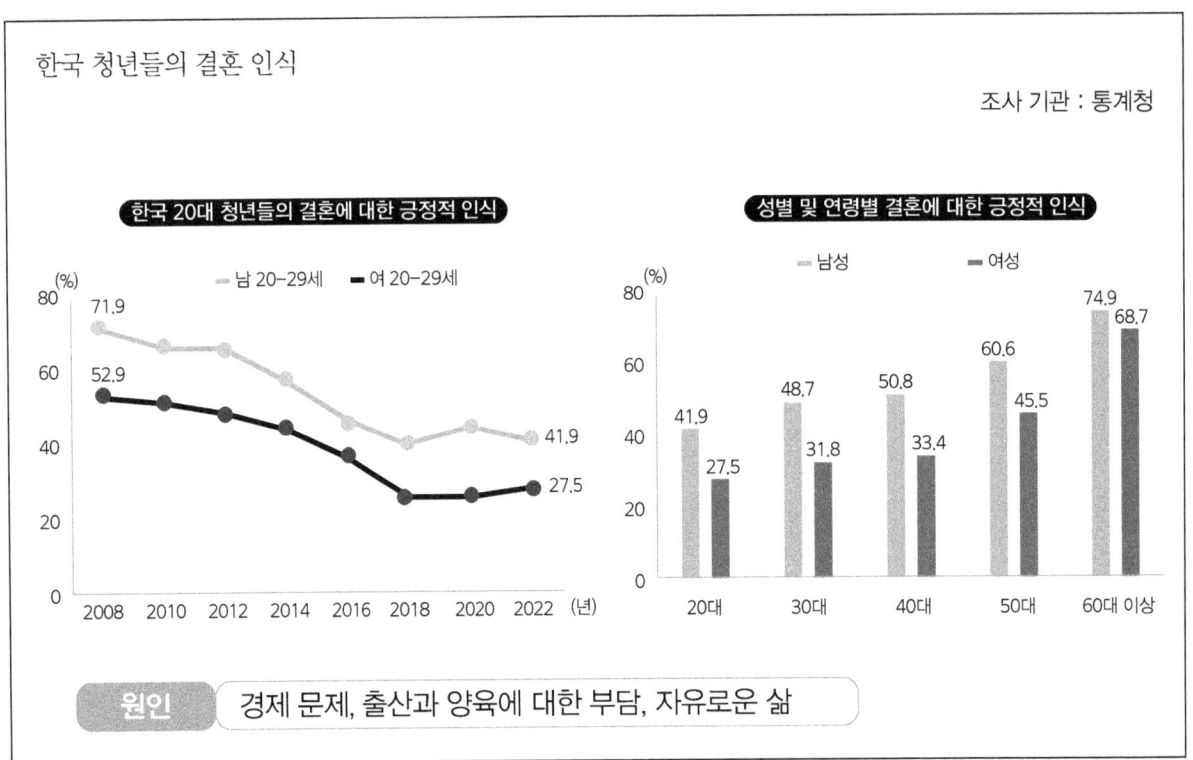

원인 설명하기

	올	해		통	계	청		조	사		결	과	에		따	르	면		한
국		20	대		청	년	들	의		결	혼	에		대	한		인	식	은
부	정	적	인		것	으	로		나	타	났	다	.	20	08	년	에		비
해		남	성	의		경	우		71	.9	%	에	서		41	.9	%	로	,
여	성	은		52	.9	%	에	서		27.	5	%	로		긍	정	적	인	
인	식	이		낮	아	졌	다	.	성	별	과		연	령	별	에		따	라
구	체	적	으	로		살	펴	보	면		남	성	이		여	성	보	다	,

연령이 높을수록 결혼에 대해서 긍정적인 것으로 나타났다. 경제적인 문제뿐만 아니라 자녀의 출산과 양육에 대한 부담이 결혼에 대해 부정적으로 생각하는 원인으로 분석된다. 그리고 자유롭게 살고자 하는 젊은이들의 사고방식도 하나의 원인이라고 볼 수 있다.

연습

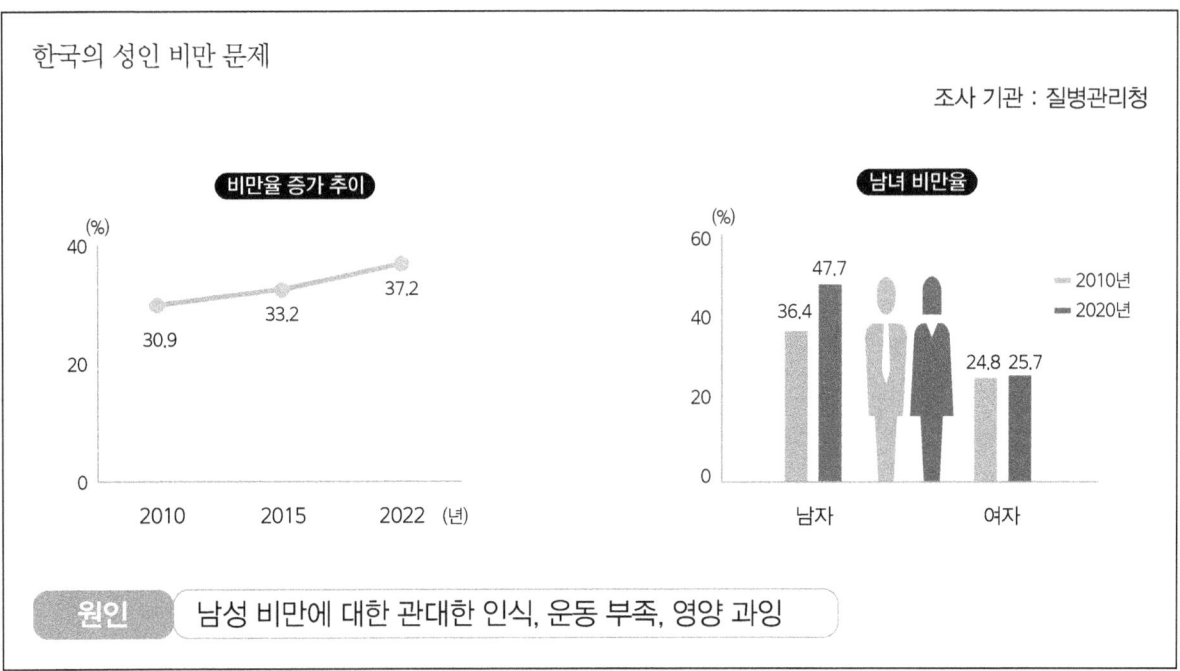

원인을 설명하는 글을 써 보십시오.

	한	국	의		성	인		비	만		인	구	가		지	속	적	으	로
증	가	하	고		있	다	.	질	병	관	리	청		조	사		결	과	에
의	하	면		20	10	년		30	.9	%	였	던		성	인		비	만	율
이		20	22	년	에	는		37	.2	%	로		증	가	한		것	으	로
나	타	났	다	.	특	히		남	성		비	만	율	이		눈	에		띄
게		증	가	했	다	.	여	성	은		약		10	년	간		비	만	율
이		소	폭		증	가	했	다	.	하	지	만		남	성	의		경	우
여	성	에		비	해		비	만	율	의		증	가	세	가		가	파	른

100

|것|으|로| |나|타|났|다|.| | | | | | | | | | | |

답안 예시

　한국의 성인 비만 인구가 지속적으로 증가하고 있다. 질병관리청 조사 결과에 의하면 2010년 30.9%였던 성인 비만율이 2022년에는 37.2%로 증가한 것으로 나타났다. 특히 남성 비만율이 눈에 띄게 증가했다. 여성은 약 10년간 비만율이 소폭 증가했다. 하지만 남성의 경우 여성에 비해 비만율의 증가세가 가파른 것으로 나타났다. 남성의 비만이 증가하는 이유는 다음과 같다. 먼저 남성 비만에 대한 사회적 인식이 관대하다는 점이다. 또한 바쁜 생활로 인한 운동 부족과 현대인의 영양 과잉도 하나의 원인으로 분석된다.

논리적인 글쓰기

1. 제목 보고 주제 정하기
2. 주제 구체화하기
3. 내용 채우기
4. 논리적으로 전체 글 구성하기
5. 원고지 쓰기

[유형 A] 문제 풀이 무료 동영상 강의가 제공됩니다.
한 단계 더 높은 [유형 B] 문제 풀이 동영상 강의로 토픽 시험을 완벽하게 준비하세요.

54 유형 A

■ 논리적인 글쓰기 【토픽Ⅱ 쓰기 54번 문제】

- ▶ 글의 주제를 정확하게 파악한다.
- ▶ 소주제에 포함될 내용으로 개요를 작성한다.
- ▶ 논리적인 글이 되도록 작성한다.
- ▶ 원고지 사용 방법에 맞춰서 정확하게 써야 한다.

54. 다음을 참고하여 600~700자로 글을 쓰시오. 단 문제를 그대로 옮겨 쓰지 마시오. (50점)

> 인공지능은 인간의 지능과 연결된 인지 문제를 다루는 과학 분야이다. 최근 모든 분야에서 인공지능을 활용하려는 연구가 활발하다. 아래 내용을 중심으로 '인공지능의 장점과 위험성'에 대한 자신의 생각을 쓰라.

- 인공지능의 장점은 무엇인가?
- 인공지능을 활용했을 때 발생할 수 있는 문제는 무엇인가?
- 인공지능을 효과적으로 활용하기 위해서 어떤 노력이 필요한가?

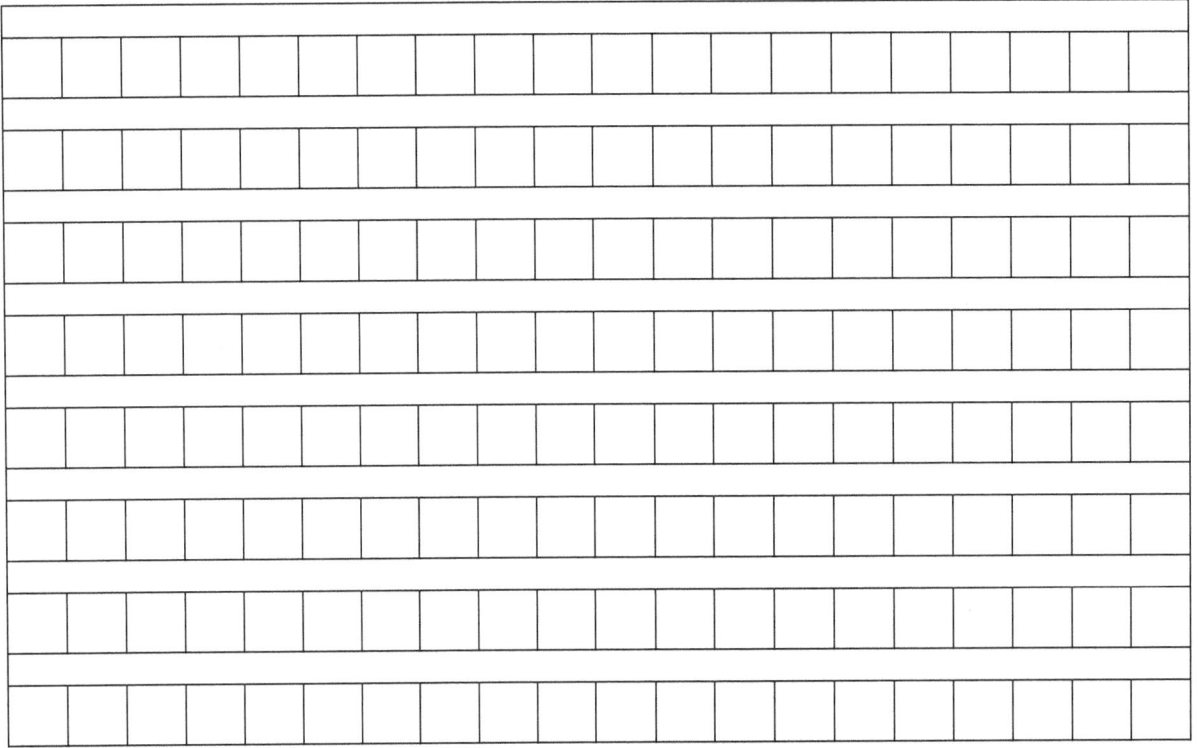

54번 문제 평가 내용

구분	채점 근거	내용
내용 및 과제 수행	과제 수행	인공지능의 장점, 문제점, 효과적인 활용 방안
	주제 관련 내용 구성	인공지능의 장점과 위험성
	내용의 다양성	다양한 예를 제시
글의 전개 구조	논리적 구성	인공지능의 장점과 문제점, 해결방안에 대한 논리적인 주장
	단락 구성	소주제로 단락 구성
	담화 표지 사용	문단과 문단을 연결할 수 있는 담화 표지 사용
언어 사용	문법과 어휘의 다양성과 적절성	다양한 문법과 어휘 사용
	문법, 어휘, 맞춤법의 정확성	어미 활용, 조사 사용, 맞춤법의 정확한 사용
	기능과 격식	논리적인 글에 맞는 종결어미 사용

답안 예시

　　요즘 식당에서 로봇이 음식을 나르거나 병원에서 로봇이 오차 없이 정교하게 수술을 하는 모습을 볼 수 있다. 과학 소설이나 영화의 소재였던 인공지능 분야가 더 이상 상상이 아니라 현실에서 여러 형태로 우리의 삶에 다가와 있는 것이다. 인공지능은 단순 반복과 지루한 작업을 효율적으로 처리할 수 있어 생산성을 크게 향상시킬 수 있다. 또한 작업의 자동화를 통해 인간의 수고를 덜어 주고 자동화된 작업은 일관성을 유지함으로써 효율성을 높여 주기 때문에 시간과 비용을 절감할 수 있다. 뿐만 아니라 인간의 인지능력이 제한적인 부분에서 인공지능은 뛰어난 능력을 발휘할 수도 있다.
　　인공지능을 활용했을 때 발생할 수

있는 문제로 제일 먼저 꼽는 것은 일자리 감소이다. 작업의 자동화와 높은 효율성의 증가는 일자리 감소를 가져올 수 있고 이에 따른 사회적 불안정을 초래할 수도 있다. 또한 인공지능에 대한 과도한 기술적 의존은 인간의 창의성을 저하시킬 수 있으며 기술적 오류가 발생했을 때 큰 피해가 발생할 수도 있다.

인간을 위해 인공지능을 효과적으로 활용하기 위해서는 무엇보다도 기술적 발전과 사회적 이해의 균형이 매우 중요하다. 인공지능 기술의 긍정적 측면은 적극 수용하되 발생할 수 있는 문제들을 예측하고 극복할 방법도 적극적으로 찾아야 한다. 이를 위해서는 기술 개발자와 사용자가 함께 참여하는 포괄적인 대화와 협력이 절대적으로 필요하다.

풀이

인공지능 기술이 왜 필요한지, 인공지능을 활용했을 때 어떤 문제가 발생할 수 있는지를 써야 한다. 그리고 인공지능을 효과적으로 활용하기 위해서 어떻게 해야 하는지 제안해야 한다.

※ **어려운 표현을 적어 두고 복습하세요.**

54 유형 B

■ **논리적인 글쓰기** 【토픽 II 쓰기 54번 문제】

전략
▶ 글의 주제를 정확하게 파악한다.
▶ 소주제에 포함될 내용으로 개요를 작성한다.
▶ 논리적인 글이 되도록 작성한다.
▶ 원고지 사용 방법에 맞춰서 정확하게 써야 한다.

54. 다음을 참고하여 600~700자로 글을 쓰시오. 단 문제를 그대로 옮겨 쓰지 마시오. (50점)

> 65세 이상이 전체 인구의 7% 이상을 차지하는 국가를 고령화 사회로 분류한다. 전 세계적으로 고령 인구가 급증하면서 우려의 목소리가 나오고 있다. 아래 내용을 중심으로 '고령화의 문제와 대응방안'에 대한 자신의 생각을 쓰라.

- 고령화의 원인은 무엇인가?
- 고령화로 발생할 수 있는 문제는 무엇인가?
- 고령화 문제에 대응할 수 있는 방법은 무엇인가?

54번 문제 평가 내용

구분	채점 근거	내용
내용 및 과제 수행	과제 수행	고령화의 원인, 문제점, 대응방안
	주제 관련 내용 구성	고령화의 문제와 대응방안
	내용의 다양성	다양한 예를 제시
글의 전개 구조	논리적 구성	고령화의 원인과 문제점, 대응방안에 대한 논리적인 주장
	단락 구성	소주제로 단락 구성
	담화 표지 사용	문단과 문단을 연결할 수 있는 담화 표지 사용
언어 사용	문법과 어휘의 다양성과 적절성	다양한 문법과 어휘 사용
	문법, 어휘, 맞춤법의 정확성	어미 활용, 조사 사용, 맞춤법의 정확한 사용
	기능과 격식	논리적인 글에 맞는 종결어미 사용

답안 예시

　과학 기술의 발달, 특히 의료 관련 산업의 획기적인 발달은 인간에게 수명 연장이라는 전례 없는 혜택을 주고 있다. 또 나라마다 건강에 대한 다양한 정책을 시행하고 건강에 유해한 요소들을 제거하기 위한 국제적인 협약과 노력이 더해져 인간의 수명을 연장시키고 있다. 그 결과 몇몇 나라를 시작으로 고령화가 급속하게 진행되면서 이로 인해 야기될 수 있는 문제에 주목하기 시작했다.

　세계의 많은 나라들이 고령화 사회에 접어들면서 고령자들을 위하여 자국의 상황에 맞는 다방면의 정책이나 방안들을 마련하고 있다. 고령자들을 질병으로부터 지속적으로 보호하기 위한 의료 체계를 구축하고 고령자들의 경제적 자립을 돕기 위한 공적 연금을 운영한다. 그러나 고령자들을 위한 의료와 연금은 비용이 많이 들기 때문에 경제활동의 주축이 되는 젊은 세대와 국가의 재정에 큰 부담이 되고 있다.

　고령자들의 기대 수명과 건강하게 여생을 이어나갈 건강 수명과는 보통 10년 이상 차이가 난다. 즉 건강하지 못한 채로 오래 산다는 것이다. 아픈 고령자를 부양하는 것은 국가와 사회에 더 큰 부담이다. 그러므로 고령자들이 건강을 지켜갈 수 있도록 도와야 한다. 그리고 고령자들의 경제적 빈곤 문제를 해결하기 위해 연금 제도를 개선하고 사회적 보장이 이루어져야 한다. 또한 젊은 세대와의 공존을 위해 서로 이해하고 적극적으로 갈등을 해소할 수 있는 제도적 뒷받침이 필요하다.

풀이

고령화가 왜 발생했는지, 고령화 사회가 되면서 어떤 문제가 발생하고 있는지를 써야 한다. 그리고 고령화에 대응하기 위해서 국가나 사회가 무엇을 해야 하는지 제안해야 한다.

※ **어려운 표현을 적어 두고 복습하세요.**

54 유형 학습 1

 ▶ 논리적인 글을 구성할 때 자주 사용되는 문장의 유형을 알아야 한다. 또한 다양한 문법을 기능과 의미에 맞게 사용해야 하며 다양한 어휘를 정확한 맞춤법으로 적절하게 사용해야 한다.

▶ __다고 경고하다

예문

전문가들은 지속적으로 스트레스를 받는 것이 건강에 치명적인 악영향을 줄 수 있다고 경고한다.

▶ __다고 말하다

예문

주민의 선택으로 뽑힌 기관장은 취임사에서 남의 눈치를 보지 않고 소신껏 일을 추진하겠다고 말했다.

▶ __다고 믿다

예문

대다수의 사람들은 예술성보다는 관객들의 공감을 얻을 수 있는 작품이라야 성공할 수 있다고 믿고 있다.

▶ __다고 밝히다

예문

세계 경제가 활성화되면서 국내 경기가 살아나고 있다. 경제부 관계자는 무역 수지에서 수입과 수출이 동반 상승했다고 밝혔다.

▶ __다고 생각하다

예문

만족감을 느끼며 행복하게 살기 위해서는 겉으로 드러난 자신의 모습이 아니라 숨어 있는 자신의 잠재력을 개발하는 것이 더 중요하다고 생각한다.

▶ __다고 설명하다

예문

결혼과 출산을 기피하는 젊은이가 늘고 있는 것은 특정 국가에서만 발생하고 있는 현상이 아니다. 전문가들은 나라마다 놓인 상황은 다르지만 근본적으로는 여성의 교육 수준과 지위가 높아졌기 때문이라고 설명한다.

▶ __다고 약속하다

예문

새로 출시된 제품에 하자가 있다는 민원이 제기되자 업체 측은 판매된 모든 제품을 교환하거나 환불해 주겠다고 약속했다.

▶ __다고 조언하다
[예문]
전문가들은 부모가 자녀들과 대화할 시간을 늘리고 그들의 생각을 청취할 기회를 마련해야 한다고 조언한다.

▶ __다고 지적하다
[예문]
사회적인 분위기도 영향이 있겠지만 무엇보다도 부모들의 과잉보호가 아이들을 더 나약하고 의존적으로 만든다고 전문가들이 지적했다.

▶ __다고 해명하다
[예문]
다수결 방식에 반대하는 목소리가 높아지자 지지자들은 다수결의 원칙이 공정성을 보장하고 민주적 절차에 따라 결정한다는 점에서 탁월한 결정 방식이라고 해명한다.

▶ __다는 것이
[예문]
70대가 20대보다 많다는 것은 우리 사회의 저출산 문제가 얼마나 심각한지를 보여 주는 사례라고 하겠다.

▶ __다는 계획이다
[예문]
국토교통부는 수도권의 주택 문제를 해결하기 위해서 외곽 지역에 주택단지를 조성하고 고속전철을 확장해서 출퇴근 시간을 줄인다는 계획이다.

▶ __다는 사실
[예문]
고객들의 휴면계좌에 남아 있는 소액을 빼돌린 사건은 다수의 은행 직원들이 공모했다는 사실로 밝혀졌다.

▶ __다는 의견이다
[예문]
정부는 가맹점이 지급하는 휴대전화의 지원금을 제한하기로 했다. 이러한 결정으로 과열 경쟁에서 오는 업체의 피해가 줄어들 수 있다는 의견이다.

▶ __다는 의미에서
[예문]
입학 연령을 낮추자는 의견은 저출산과 고령화 상황에서 취업 연령을 낮출 수 있다는 의미에서 긍정적으로 평가되고 있다.

▶ __다는 이유로
  예문
  희귀 동식물을 보호해야 한다는 이유로 개발제한구역을 지정하고 일반인의 출입을 금지하고 있다.

▶ __다는 점에서
  예문
  인간이 자신의 연명 치료를 중단하고 품위 있게 죽음을 맞이할 수 있다는 점에서 존엄사의 합법화에 찬성한다.

▶ __다는 점을
  예문
  석유를 비롯해 원자재 값이 오르면서 줄줄이 물가 인상을 예고하고 있는 상황이다. 정부는 기업들에게 물가 인상에 대한 자제를 당부하면서 생산자와 소비자가 함께 고통을 분담해야 한다는 점을 강조했다.

▶ __다는 주장이다
  예문
  축구협회는 대표팀의 저조한 성적이 감독의 무능력 때문이라고 판단하고 위약금을 물고서라도 감독을 해임해야 한다는 주장이다.

연습

알맞은 말을 써서 완성하시오.

마약의 효능과 사용 범위에 대해서는 오랫동안 논란이 되어 왔다. 최근에도 의학계를 중심으로 (   ) 주장이 나오고 있다. 마약은 통증을 줄여 주고 심리적으로 안정을 줄 수 있기 때문에 환자들에게 도움이 될 수 있다. 이러한 주장과 함께 이미 일부 국가에서는 마약 사용을 합법화하거나 마약에 관한 정책을 바꾸고 있다.

답안 예시

마약 사용을 허용해야 한다는

유형 학습 2

▶ 문제에서 요구하는 내용을 포함해서 단락을 구성하고 담화 표지 등을 적절하게 사용해서 논리적으로 글을 전개해야 한다.

1 제목 보고 주제 정하기

- 제목: 1인 가구 증가
- 주제: 1인 가구의 증가로 인해 사회가 변화하고 있다.

2 주제 구체화하기

- 1인 가구가 무엇인가?
- 1인 가구가 증가한 원인은 무엇인가?
- 1인 가구의 증가로 생긴 사회 현상은 무엇인가?
- 1인 가구의 증가로 생긴 문제점은 무엇인가?
- 1인 가구의 증가로 생긴 문제를 해결하기 위해 어떻게 해야 하는가?

3 내용 채우기

- **1인 가구가 무엇인가?**

> 1인 가구는 구성원이 한 명인 가구를 말하는데 다양한 이유로 증가하는 추세이다.

- **1인 가구가 증가한 원인은 무엇인가?**

> 1인 가구가 증가하는 주요 원인은 경제적인 문제이다. 일자리를 찾아 옮겨 다니면서 가족과 함께 살 수 없는 경우가 많고 높은 물가로 생활비가 증가하면서 젊은 사람들이 결혼을 회피하는 경우도 늘고 있다. 결혼을 원하지 않는 이유로 고용 불안정이나 양육비 부담 등 경제적인 이유를 꼽고 있으며 결과적으로 혼자 사는 1인 가구가 많아지고 있는 것이다. 그 밖에 독립적인 삶을 추구하는 문화도 1인 가구의 증가 추세를 부추기고 있다.

- 1인 가구의 증가로 생긴 사회 현상은 무엇인가?

1인 가구는 혼자서 모든 일을 처리해야 하기 때문에 빠르고 간편함을 추구한다. 온라인 서비스, 휴대용 가전제품, 배달 음식 등을 이용하는 가구가 늘자 유통업계와 대형매장들이 1인 가구를 겨냥한 판매 전략을 펼치고 있다. 기업들이 앞다퉈 소형가전 상품을 출시하고 소비재의 소량판매를 시작하고 있으며 주택시장에서는 혼자 살 수 있는 크기의 주택을 건설하고 기숙사 개념의 공공주택을 보급하기도 한다.

- 1인 가구의 증가로 생긴 문제점은 무엇인가?

1인 가구의 증가로 출산율이 저하되면서 경제 활동 인구가 감소되어 국가 경제에 타격을 미치고 있다. 결국 미래에는 세금을 낼 사람도, 소비자도 줄어들게 되므로 경제 붕괴로 이어질 수 있다. 또 노년층의 경우에는 혼자 살면서 외부와의 교류가 줄어들고 고립감을 느끼게 되어 삶에 대한 만족도가 떨어질 수 있다.

- 1인 가구의 증가로 생긴 문제를 해결하기 위해 어떻게 해야 하는가?

1인 가구의 증가로 생기는 문제는 사회적, 국가적 차원에서 대응방안을 찾아야 한다. 국민들은 1인 가구가 증가하는 사회적인 변화를 반영한 정책과 기업 서비스를 요구하고 있다. 출산율을 높이기 위한 지원 정책, 노인들을 위한 돌봄 서비스, 사회적 관계 형성을 돕는 교류망 구축 등 새로운 정책과 사회적 대응이 필요하다.

4 논리적으로 전체 글 구성하기

1인 가구가 증가하는 주요 원인은 경제적인 문제이다. 일자리를 찾아 옮겨 다니면서 가족과 함께 살 수 없는 경우가 많고 그로 인해 부모 세대인 노인들도 1인 가구를 이루게 된다. 또 물가가 오르고 생활비가 증가하면서 부양에 대한 부담감 때문에 결혼을 회피하는 경우도 늘고 있어서 1인 가구의 증가를 부추기고 있다.

1인 가구는 혼자서 모든 가사 일을 처리해야 하기 때문에 빠르고 간편함을 추구한다. 그 결과 온라인 서비스, 휴대용 가전제품, 배달 음식 등을 이용하는 가구가 늘고 유통업계와 대형매장들은 이들을 겨냥한 판매 전략을 펼치고 있다. 그리고 기업들은 앞다퉈 소형가전 상품을 출시하고 주택시장에서는 혼자 살 수 있는 크기의 주택을 건설하고 기숙사 개념의 공공주택을 보급하기도 한다.

한편 1인 가구의 증가로 출산율이 저하되고 경제 활동 인구가 줄면서 국가 경제가 타격을 입고 있다. 결국 미래에는 세금을 낼 납세자도, 물건을 살 소비자도 줄어들게 되므로 경제 붕괴로 이어질 수 있다.

이러한 문제의 대응방안은 사회적, 국가적 차원에서 모색되어야 한다. 국민들은 1인 가구가 증가하는 사회적인 변화를 반영한 정책과 기업의 서비스를 요구하고 있다. 출산율을 높이기 위한 지원 정책, 노인들을 위한 돌봄 서비스, 사회적 관계 형성을 돕는 교류망 구축 등 새로운 정책과 사회적 대응이 필요하다.

5 원고지 쓰기

　　1인 가구가 증가하는 주요 원인은 경제적인 문제이다. 일자리를 찾아 옮겨 다니면서 가족과 함께 살 수 없는 경우가 많고 그로 인해 부모 세대인 노인들도 1인 가구를 이루게 된다. 또 물가가 오르고 생활비가 증가하면서 부양에 대한 부담감 때문에 결혼을 회피하는 경우도 늘고 있어서 1인 가구의 증가를 부추기고 있다.

　　1인 가구는 혼자서 모든 가사 일을 처리해야 하기 때문에 빠르고 간편함을 추구한다. 그 결과 온라인 서비스, 휴대용 가전제품, 배달 음식 등을 이용하는 가구가 늘고 유통업계와 대형매장들은 이들을 겨냥한 판매 전략을 펼치고 있다. 그리고 기업들은 앞다퉈 소형 가전 상품을 출시하고 주택시장에서는 혼자 살 수 있는 크기의 주택을 건설하고 기숙사 개념의 공공주택을 보급하기도 한다.

　한편 1인 가구의 증가로 출산율이 저하되고 경제 활동 인구가 줄면서 국가 경제가 타격을 입고 있다. 결국 미래에는 세금을 낼 납세자도, 물건을 살 소비자도 줄어들게 되므로 경제 붕괴로 이어질 수 있다.

　이러한 문제의 대응방안은 사회적, 국가적 차원에서 모색되어야 한다. 국민들은 1인 가구가 증가하는 사회적인 변화를 반영한 정책과 기업의 서비스를 요구하고 있다. 출산율을 높이기 위한 지원 정책, 노인들을 위한 돌봄 서비스, 사회적 관계 형성을 돕는 교류망 구축 등 새로운 정책과 사회적 대응이 필요하다.

연습

1 제목 보고 주제 정하기

- 제목: 올바른 가치관의 형성
- 주제: 올바른 가치관을 형성하기 위한 노력이 필요하다.

2 주제 구체화하기

- 가치관은 무엇인가?
- 가치관의 형성 과정은 무엇인가?
- 올바른 가치관의 중요성은 무엇인가?
- 올바른 가치관을 형성하기 위해서 어떻게 해야 하는가?

3 내용 채우기

- **가치관은 무엇인가?**

- **가치관의 형성 과정은 무엇인가?**

- 올바른 가치관의 중요성은 무엇인가?

- 올바른 가치관을 형성하기 위해서 어떻게 해야 하는가?

4 논리적으로 전체 글 구성하기

5 원고지 쓰기

답안 예시

3 내용 채우기

- 가치관은 무엇인가?

> 가치관이란 무엇이 옳고 그른지, 무엇을 해야 하고 무엇을 하지 말아야 하는지를 결정하는 기준이라고 할 수 있다. 인생을 어떻게 살아야 하는지, 어떤 직업을 가져야 하는지, 결혼을 해야 하는지 등 개인의 모든 판단은 가치관을 바탕으로 이루어진다.

- 가치관의 형성 과정은 무엇인가?

> 인간은 접촉하는 모든 대상을 자신의 기준으로 판단하는데 이 기준은 가정, 학교, 사회 등 주위의 모든 환경으로부터 영향을 받아 형성된다. 하지만 자신의 판단이 타인의 판단과 대립되거나 판단이 어려운 상황에 부딪쳤을 때 가치관의 혼란을 겪는다. 이 과정에서 가치 판단의 기준은 수정되고 새로운 가치관이 자리 잡게 된다. 젊은 사람들은 수없이 많은 가치관의 혼란과 수정의 과정을 거쳐 가치관을 확립하는 단계에 이르게 된다.

- 올바른 가치관의 중요성은 무엇인가?

> 올바른 가치관이 무엇인가에 대한 판단은 그리 쉽지 않다. 절대적으로 옳거나 절대적으로 그른 가치관은 있을 수 없기 때문이다. 그러나 대다수의 사람들이 존경하는 인물, 사회를 위해서 일하고 공헌한 사람들의 면면을 보면 무엇을 올바른 가치로 삼아야 하는지 짐작이 갈 것이다. 사회적으로 합의된 옳은 가치를 공유하고 올바른 행동을 존중할 때 안정되고 건강한 사회가 유지될 것이다.

- 올바른 가치관 형성을 위해서 어떻게 해야 하는가?

> 가치관을 형성하는 데 가장 먼저 기여하는 것은 가정환경이다. 그러므로 부모는 자녀들이 올바른 가치관을 확립할 수 있도록 도움을 주어야 한다. 그러기 위해서는 먼저 부모 자신의 가치관부터 올바르게 세우는 것이 필요하다. 그리고 학교를 비롯한 사회의 역할도 중요하다. 남에게 피해를 주지 않게 행동하도록 가르치고 공익을 위해 행동하도록 가르친다면 올바른 가치관을 형성할 수 있을 것이다.

4 논리적으로 전체 글을 구성하기

가치관이란 무엇이 옳고 그른지, 무엇을 해야 하고 무엇을 하지 말아야 하는지를 결정하는 기준이라고 할 수 있다. 인간은 접촉하는 모든 대상에 대해서 가치관을 기준으로 판단하는데 이 기준은 가정, 학교, 사회 등 주위의 모든 환경으로부터 영향을 받아서 형성된다. 하지만 자신의 판단이 타인의 판단과 대립되거나 판단이 어려운 상황에 부딪쳤을 때 가치관의 혼란을 겪는다. 이 과정에서 가치 판단의 기준은 수정되고 새로운 가치관이 자리 잡게 되면서 가치관을 확립하는 단계에 이르게 된다.

그러나 올바른 가치관이 무엇인가에 대한 판단은 그리 쉽지 않다. 절대적으로 옳거나 절대적으로 그른 가치관은 있을 수 없기 때문이다. 그렇지만 많은 사람들이 존경하는 인물, 사회를 위해서 일하고 공헌한 사람들의 업적을 살펴보면 올바른 가치관이 무엇인지 이해할 수 있다.

가치관을 형성하는 데 가장 먼저 기여하는 것은 가정환경이다. 그러므로 부모는 자녀들이 올바른 가치관을 확립할 수 있도록 도와야 한다. 그러기 위해서는 먼저 부모 자신의 가치관부터 올바르게 세워야 한다. 그 외에 학교를 비롯한 사회의 역할도 중요하다. 남에게 피해를 주지 않게 행동하고 공익을 위해 행동하도록 가르침으로써 올바른 가치관을 형성하도록 도와야 한다. 사회적으로 합의된 옳은 가치를 공유하고 올바른 행동을 존중할 때 안정되고 건강한 사회가 유지될 것이다.

5 원고지 쓰기

　　가치관이란 무엇이 옳고 그른지, 무엇을 해야 하고 무엇을 하지 말아야 하는지를 결정하는 기준이라고 할 수 있다. 인간은 접촉하는 모든 대상에 대해서 가치관을 기준으로 판단하는데 이 기준은 가정, 학교, 사회 등 주위의 모든 환경으로부터 영향을 받아서 형성된다. 하지만 자신의 판단이 타인의 판단과 대립되거나 판단이 어려운 상황에 부딪쳤을 때 가치관의 혼란을 겪는다. 이 과정에서 가치 판단의 기준은 수정되고 새로운 가치관이 자리 잡게 되면서 가치관을 확립하는 단계에 이르게 된다.
　　그러나 올바른 가치관이 무엇인가에 대한 판단은 그리 쉽지 않다. 절대적으로 옳거나 절대적으로 그른 가치관은 있을 수 없기 때문이다. 그렇지만 많은 사람들이 존경하는 인물, 사회를 위해서 일하고 공헌한 사람들의 업적을 살펴보면 올바른 가치관이 무엇인지 이해할 수 있다.

 가치관을 형성하는 데 가장 먼저 기여하는 것은 가정환경이다. 그러므로 부모는 자녀들이 올바른 가치관을 확립할 수 있도록 도와야 한다. 그러기 위해서는 먼저 부모 자신의 가치관부터 올바르게 세워야 한다. 그 외에 학교를 비롯한 사회의 역할도 중요하다. 남에게 피해를 주지 않게 행동하고 공익을 위해 행동하도록 가르침으로써 올바른 가치관을 형성하도록 도와야 한다. 사회적으로 합의된 옳은 가치를 공유하고 올바른 행동을 존중할 때 안정되고 건강한 사회가 유지될 것이다.

※ 다음 원고지에 글을 작성하는 연습을 해보세요.

www.ingramcontent.com/pod-product-compliance
Lightning Source LLC
LaVergne TN
LVHW081551060526
838201LV00054B/1854